MY
JOB
나의 직업

© milatas

어쩌면 당신의 시선

CONTENTS

Part One

History

Part Two

Who & What

Part Three

Get a Job

Part Four

Reference

Part One

History

　아동에 대한 인식은 시대에 따라 계속 변화하고 발전해 왔다.
이에 따라 유아기 아동을 교육하는 것에 대한 관심과 중요성이
함께 부각되기 시작했다. 그리고 아동교육의 중요성이
과학적으로 입증되면서 아동교육은 전 세계적으로 보편화됐다.
　우리나라 역시 아동에 대한 인식이 변화하고, 아동교육의
중요성이 높아지면서 관련 교육기관들이 많아지고 있다. 이와
함께 교육 자료의 종류와 질도 개선되고 있다. 이처럼 아동교육의
중요성이 강조되는 이유를 아동관의 변화와 발달적 측면,
현대사회의 특성에 따른 사회적 측면 등으로 나누어 살펴보자.

　아동과 유아에 대한 정의는 국가마다 조금씩 다른데
우리나라의 경우는 만 3세부터 만 5세까지 연령대 아이를
'유아'라고 정의하고 있다. '영아'는 출생부터 만 2세까지 아이를
지칭하는데, 유아의 의미를 광범위하게 보자면 출생부터 만
5세까지의 아이를 모두 포함시키기도 한다.

　유아교육의 대상이 되는 연령은 각 국가별 교육제도에 따라
조금씩 차이가 있다. 우리나라의 경우 한국유아교육학회에서는
'출생에서 만 6세까지의 유아를 대상으로 유치원이나
보육시설에서 이루어지고 있는 교육'을 유아교육으로 규정하고
있다. 그리고 서울특별시 유치원 교육과정 편성·운영지침에
의하면 영·유아에게 알맞은 교육환경을 제공하여 영·유아를
교육하고, 심신의 조화로운 발달을 돕는 것으로 영·유아교육을
규정하고 있다. 즉, 초등학교에 입학하기 전 아동들을 대상으로
유치원과 어린이집에서 실시하는 교육을 통틀어 유아교육이라고
할 수 있다.

　※ 유아교육 연령의 범주와 아동교육 규정
: 교육학적 입장에 따라 유아기 및 교육 연령에 대한 정의가 조금
달라지기도 한다. 일부 학자들은 교육 프로그램의 효과에 대한 연구에
따라 유아교육을 출생부터 만 6세까지의 유아로 정의하기도 한다. 또는
유아교육과 초등교육이 발달적인 부분에서부터 교육부분까지 연계되어
있음을 고려하여 유아교육의 범주를 초등 저학년까지로 확장하는
경우도 있다.

　※ 우리나라의 경우 아동과 유아에 대해 정확한 개념이 잡히지 않은
터라 이 책에서는 아동이라는 단어와 유아라는 단어를 혼합하여
기재한다.

사전적인 의미의
유아(幼兒)와 아동(兒童)

〈유아〉

■ 생후 1년부터 만 6세까지의 어린아이

■ 어린아이

〈아동〉

■ 신체적 · 지적으로 미성숙한 단계에 있는 사람

■ 초등학교에 다니는 나이의 아이

■ 아동복지법에서 18세 미만의 사람을 이르는 말

아이는 어떤 존재이며, 어떻게 성장하고 발달하는가에 대한
생각은 각 시대의 정치적, 사회적, 문화적 요인에 따라 달라진다.
21세기의 현대인은 아동을 성인과 다르며 보호하고 교육해야 할
존재로 인식하고 있다. 그러나 지금과 같은 인식이 자리
잡기까지는 수많은 연구와 생각의 변화가 있었다.

이러한 인식의 차이를 고대에서부터 중세, 근대를 거쳐 현대에
이르기까지 간단히 훑어보며 아동에 대한 관점과 인식이 어떻게
변화했는지, 그에 따른 아동교육이 어떻게 바뀌어 왔는지를
알아보자.

※ 발달심리학 및 아동에 대한 연구는 주로 서양에서 이루어지고
심화됐기에 이 책에서도 보편적으로 교육되는 서양의 연구 내용을
기재한다.

〈고대사회의 아동교육〉

고대사회에서는 아동에 대한 개념이 지금보다 부족했다. 당시
사람들은 아동을 신체가 작은 성인의 축소판으로만 생각했다.
때문에 아동이 성인에 비해 체력이 유약하고 사고능력이 미숙한
것 등 아동만의 특성들에 대해선 전혀 이해하지 못했다. 따라서
아동교육 또한 발달이나 인성 등에 대한 부분은 고려되지 않았다.

아동교육은 대부분 사회 시민으로서 갖춰야 할 기본적인
덕목이나 소양 등을 교육하는 것이 전부였는데, 이는 아동을 작은
성인이자 미래를 이끌어갈 예비 시민이자 사회나 국가의 유용한
도구로 생각했기 때문이다.

쉬운 예로 고대 도시국가 스파르타에서 교육은 훌륭한 전사를
양성하는 것이 목적이었다. 따라서 스파르타에서 생각하는
교육은 바로 혹독한 군사 훈련을 받는 것이었다. 이 때문에
현재까지도 엄격하고 혹독한 교육방식을 '스파르타 교육'이라

부르기도 한다.

　스파르타의 아동들은 7세가 되기 전까지는 가정에서 양육되다가 7세가 되면 군사훈련을 위한 단체생활을 해야 했다. 이때 신체가 허약한 아이는 전사가 될 자질이 부족하다고 여겨져 훈련소에 들어가지 못했다. 훈련소에 들어가지 못한다는 건 전사가 될 자격이 없다는 뜻이므로 이런 아이들은 시민자격을 박탈당한 뒤 노예로 전락했다.

　뿐만 아니라 장애가 있거나 사회적 효용성이 낮다고 판단되는 아동들은 부모에 의해 살해되거나 유기(遺棄)되기도 했다. 때문에 가정에서 자라는 기간 또한 훈련소 입소에 대비한 준비기간이나 마찬가지였다. 아이들은 지금처럼 자유롭게 뛰어놀 수 없었으며 엄격한 계획 아래 체력 훈련을 받아야 했다.

<중세시대의 아동교육>
　서양의 중세시대는 교회를 중심으로 한 봉건사회였다. 이때 기독교 문화의 영향으로 '모든 인간은 평등하다'는 사상이 대두됐고 이에 힘입어 아동에 대한 평등사상도 함께 확립되기 시작했다. 이때 태아에 대한 인식도 함께 변화했는데, 태아가 어머니의 뱃속에 있는 동안에 인성이 형성된다는 '태아보호사상'이 나타나면서 태아나 영아살해가 교회법으로 금지되기도 했다.

　그러나 중세 역시 고대와 마찬가지로 아동에 대한 본질적인 이해는 지금보다 부족했다. 인간의 발달 과정을 아동기와 성인기로 구분하기는 했으나 이 두 시기를 구분하는 기준은 연령과 신체적인 차이가 전부였다. 아동기가 성인기와 구별되는 독특하고 고유한 시기라는 인식은 여전히 부족했으며, 여전히 아동을 성인으로 성장하기 위한 준비 단계로 인식했다.

　아동교육 또한 지금과는 많이 달랐다. 당시엔 인간을 원죄를

유기(遺棄)

내다 버리는 행위나 내다 버려진 상태를 말한다. 법률적인 의미로는 어떤 사람이 종래의 보호를 거부하여, 그를 보호받지 못하는 상태에 두는 일을 말한다.

가지고 태어난 존재로 보는 기독교적 인간관이 교육뿐만 아니라
사회 전반 많은 분야에 영향을 끼치고 있었다. 따라서 교육의
목적은 원죄를 가지고 태어나 태생적으로 비도덕적이라고
여겨졌던 인간을 도덕적·윤리적으로 변화시키는 것이었다.
때문에 교육은 교회에서 성경을 읽고 암기하는 것이 주된
방법이었다. 중세 사상에서는 기독교 교리에 따라 교육하는
것만이 인간을 원죄에서 구제하는 유일한 방법이라고 여겼기
때문이다. 그래서 교사들은 아동들을 교육시키는 데 매우 엄격한
훈육과 체벌을 사용했다. 잘못된 행동을 했을 경우 중한 벌로
다스렸으며, 교육을 하는 데 체벌이 매우 중요한 수단이라고
생각하기도 했다.

교회가 아닌 곳에서 이루어지는 교육으로는 중세 봉건주의
기사도 교육이 있었다. 마찬가지로 기독교적 덕목을 중시하는
것이었으며 매우 엄격한 교육이 있었다.

〈근대시대의 아동교육〉

서양의 근대는 르네상스와 종교개혁으로 대표된다. 문화와
예술, 철학과 과학 등 사회 전반에 걸쳐 신이 아닌 인간을
중심으로 인식과 사고에 대대적인 변화가 일어났다. 그리고
이러한 인본주의 사상으로 인해 아동에 대한 인식도 변화가
있었다. 아동 연구 분야에서 다양한 교육사상가들이 나타나면서
아동기는 성인기와 구별되는 고유한 시기라는 인식이 자리 잡기
시작했다.

아동기 교육의 중요성과 양육에 대한 개념도 새롭게 대두됐다.
코메니우스(Commenius)는 아동의 내재적 가능성을 인정했고,
로크(Locke)는 아동은 선하지도 악하지도 않은 상태이므로
교육에 의해 후천적으로 본성이 변할 수 있다는 백지설(Tabula
Rasa)을 주장했다. 로크의 이러한 주장은 경험론적 관점에서

아동을 이해하는 계기가 되기도 했다.

그러나 현대적 의미의 아동관이 확립된 것은 루소(Rousseau)에 의해서였다. 루소는 아동의 발달 특징을 기준으로 영아기, 아동기, 소년기, 청소년기로 구분하고 각 단계에 맞는 적합한 교육 내용과 방법을 제시했다.

이 시기부터 에라스무스(Erasmus) 등의 학자들이 조기교육의 중요성을 강조하기 시작했고, 페스탈로치(Pestalozzi)나 로버트 오웬(Robert Owen), 프뢰벨(Frobel)등 아동교육기관을 직접 운영하는 교육자들이 등장하기 시작했다.

〈현대시대의 아동교육〉

20세기에는 아동관의 확립에 이어 아동의 인권 문제가 대두되기 시작했다. 아동을 배려하고 보호하는 것이 중요하게 여겨졌으며, 교육 역시 아동의 권리라는 인식이 강해졌다. 그러나 이러한 사고의 전환에도 불구하고 두 번에 걸친 세계대전과 자연재해 등으로 20세기 초반까지는 아동들이 살기에 좋은 환경은 아니었다.

전후 복구가 시작되고 세계 경제가 호황기에 접어들면서야 비로소 아동복지와 교육 문제가 본격적으로 대두됐다. 이때부터 의무교육 확대와 보육시설 확충 등 아동의 생활과 교육에 많은 인력과 자본이 투여됐다.

21세기에 들어서는 이러한 추세가 더욱 강화되어 아동교육에 대한 다양한 연구가 활발해졌고, 아동교육기관도 다양하게 보급됐다. 또한 '어린이 권리조약' 같은 아동 보호를 위한 조약이 만들어지면서 인종과 빈부에 의해 차별받는 아동들을 보호하고, 장애를 가진 아동들이 일반 유아들과 동등하게 교육받을 수 있는 기회가 증가했다.

그러나 이러한 변화에도 불구하고 지금도 모든 국가와 사회가

아동에 대한 인권과 아동관을 받아들이고 있는 것은 아니다. 일부 사회에서는 여전히 아동을 성인의 축소판 또는 미숙한 성인으로 여겨 장시간 노동을 강요하거나 성인의 보호를 받지 못하고 방치되는 경우도 많다. 이러한 경우는 보통 경제적으로 풍요한 선진국보다 후진국이나, 인권 의식이 낮은 국가나 사회에서 많이 나타나고 있다.

이와 반대로 아동 인권과 교육에 관심이 많은 선진국에서는 조기교육에 대한 잘못된 인식과 열풍으로 진정한 의미의 '아동기'가 상실되는 문제가 나타나기도 했다. 1960년대 이후에 발달심리학이 발달하면서 영아기와 유아기에 뇌세포의 성장과 지적 발달이 급속히 이루어진다는 연구 결과가 많이 발표됐다. 이 결과가 유아기 교육의 중요성이 강조되는 근거가 되기도 했지만, 한편으론 조기교육이 성행하게 된 원인이 되기도 했다. 조기에 많은 경험을 제공해주면 선천적인 능력을 더 향상시킬 수 있다는 생각으로 유아기 때부터 인지적, 언어적 교육을 시키는 풍조가 만연해졌다. 때문에 고대나 중세 때와는 다른 이유에서 아동기의 상실이 우려되는 현상이 나타나고 있기도 하다.

아동을 교육하는 것이 왜 중요한지 인간 발달의 기본 원리와
발달심리학적 배경, 국가와 사회의 요청이라는 측면에서 그
이유와 근거를 알아보자.

1. 아동기는 성격을 형성하는 기초가 된다.

인간 발달에 대한 연구 중 결정적 시기(Critical Period)이론이라는
것이 있다. 이 이론은 인간이 성장하는 과정에서 어떤 기관이나
기능이 급격하게 발달하게 되는 시기가 따로 있다는 이론이다.
그리고 이러한 시기를 바로 '결정적 시기'라고 한다.

예를 들어 로렌츠(Lorenz)라는 학자는 갓 부화한 오리가 처음 본
대상을 어미라고 인식하고 강력한 애착이 형성되는
각인(Printing)현상을 근거로 결정적 시기가 존재한다는 것을
주장했다. 다른 학자인 스콧(Scott)은 개와 관련된 실험 결과를
결정적 시기 이론의 근거로 삼았는데, 태어난 지 3주에서 12주
사이에 사람과 접촉하지 못한 개는 그 후에 사람과 접촉하더라도
절대로 사람을 친숙하게 여기지 못하고 야생견처럼 행동한다고
주장했다. 이러한 연구 결과들을 통해 발달을 할 수 있는 최적
시기가 있다는 것이 입증됐다.

이러한 발달 최적 시기가 인간에게도 해당된다는 것이 실제로
증명된 예가 있었다. 1920년 인도에서는 소설에서나 나올 법한
일이 실제로 일어났다. 늑대굴에서 8세 정도 된 소녀가
발견되었는데, 새끼를 낳은 어미 늑대에 의해 길러진 것으로
추측됐다. 아마도 어미 늑대가 갓난아기인 소녀를 발견했을 때
모성 본능에 이끌려 아기를 먹이로 인식하지 않고 다른 새끼들과
함께 키운 모양이었다. 그렇게 늑대와 함께 자란 탓에 소녀의
걸음걸이나 울음소리가 늑대와 같았다고 기록돼 있다.

학자들은 소녀를 데리고 와서 인간의 말을 가르치며 인간
사회에 섞이도록 교육을 시켰다. 소녀는 총 8년 정도 이 교육을

> ### 발달심리학이란?
>
> 아동의 발달 원리를 탐구하
> 는 학문으로 아동교육이 왜
> 중요한지를 증명한 학문이
> 기도 하다. 보육·유치원
> 교사가 되려면 필수적으로
> 공부해야 하는 과목이다.
> 핵심은 인간 발달의 기초가
> 유아기에 형성된다는 것인
> 데, 이 점에 대해 특정한 발
> 달과업을 가장 잘 성취할
> 수 있는 최적의 시기가 있
> 다는 결정적 시기 이론 등
> 이 있다.

© Rawpixel

받았는데, 이 기간 동안 배운 단어는 50단어 정도가 고작이었다. 언어학자들의 말에 따르면 이 소녀는 인간의 언어를 배울 수 있는 시기를 놓쳤기 때문에 아무리 가르쳐도 언어를 습득할 수 없었다는 것이다. 이 경우를 통해 인간도 발달의 결정적 시기를 놓치면 제대로 성장할 수 없다는 것이 증명된 셈이다.

정신분석학자 프로이트(Freud)의 주장에 따르면 인간의 성격을 형성하는 기초는 출생부터 5년 사이라고 한다. 즉, 5세 이전 아동기가 인간의 성격을 형성하는 결정적 시기라는 것이다. 특히 이유식과 대소변 훈련, 부모의 양육 태도에 따른 경험은 아동의 성격을 형성하는데 결정적언 영향을 미칠 수 있다고 했다. 이때 잘못된 경험과 영향으로 왜곡된 성격을 형성하게 되면 후일에 교정하기가 매우 어렵다는 것이다.

따라서 이 시기에 부모가 애정과 관심으로

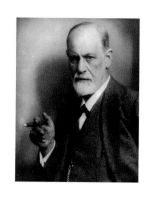

지그문트 프로이트(Sigmund Freud)

오스트리아에서 태어난 프로이트는 빈 의과대학에 입학하여 생리학을 전공했으며, 기존의 유물론 일반을 부정하고 주관적인 이론을 세웠다. 의식의 심층에 있는 특수한 심적인 힘인 무의식이 심적 과정을 지배하고 있다고 보고 정신분석이라는 이론을 만들어냈다.

아이를 잘 받아들이며 일관성 있는 태도로 양육을 하게 되면
아동은 원만한 성격을 형성할 수 있다. 반대로 부모가 강압적인
태도를 보이며 아동의 요구에 무관심하고 일관되지 못한 태도로
아이를 키우게 하게 되면 아동은 강박적이거나 공격적인 성격을
보일 수 있다고 한다.

2. 아동기는 뇌 발달 과정에도 매우 중요한 시기이다.

최근 뇌과학의 발전으로 뇌 발달에 관한 연구도 활발하게
이루어지고 있다. 우리는 태어날 때부터 유전적인 원인들이
작용하여 사람의 지능을 결정한다고 생각하곤 한다. 그러나 최근
뇌과학 연구에서는 이것과 반대되는 연구 결과들이 발표되고
있다. 아동의 지적인 능력, 즉 지능은 유전적인 요인에 따라
결정되는 것이 아니라 아동이 자라며 보고 듣고 겪게 되는 환경과
환경적인 자극에 따라 결정된다는 것이다. 그리고 이들은
태어나면서부터 8세 까지를 인간의 뇌가 급속도로 발달하는
시기로 보고 있다.

미국의 교육학자 블룸(Bloom)의 견해에 따르면 지적인
성숙도는 17세에 가장 높은데, 이때의 지능을 100으로 봤을 때
0세에서 4세 사이에는 이중 약 50%가 발달하며, 4세에서 8세
사이에는 30%, 8세에서 17세 사이에 나머지 20%가 발달한다고
보았다. 즉 지능의 80%는 태어나면서부터 8세까지 사이에
결정된다는 것이다. 이것을 근거로 유아기 때 받는 교육과
가정환경, 양육 경험이 매우 중요하다고 강조하고 있다.

또한 유아기 때 지적 능력이 발달하려면 적절한 환경적 자극이
필요하다. 영아와 유아기에는 대뇌피질의 수상돌기와 축색돌기의
연결망이 급속도로 확장된다. 신경세포끼리 연결되는 시냅스는
유아가 주위 환경에 대한 경험과 자극에 의해서 형성되기 때문에

시냅스(Synapse)

세포와 세포 사이를 연결하
는 부위이다. 정확하게는
뉴런의 축삭돌기 말단과 수
상돌기 사이를 연결하는 부
위를 말한다.

유아기의 초기 경험은 신경세포 조직망의 밀도, 복합성, 정교성과 관계가 깊다. 바로 뇌에서 일어나는 수많은 시냅스의 형성이 곧바로 지식 습득능력과 활용능력을 결정하는 기초가 된다. 이때 적절한 환경적 자극을 주면 연결망의 확장이 촉진되면서 뇌가 활발하게 움직이며 보다 더 복잡한 기능을 수행하게 된다. 그러나 적절한 자극을 받지 못하거나 지나친 자극을 받게 되면 뉴런은 오랫동안 생존할 수 없게 된다. 즉, 시냅스가 형성되는 결정적 시기에 제공되는 환경적 자극은 뇌 발달에 직접적인 영향을 미친다는 것이다. 따라서 아동의 지능을 높이기 위해선 시냅스의 형성이 활발한 3세 이전에 적절한 양육경험과 교육경험이 제공돼야 한다.

시냅스 형성은 아동이 성장하면서 점점 그 수가 많아지고 밀도가 복잡해진다. 사람은 보통 4세 때 시냅스 형성이 절정을 이룬 채로 그 상태를 10세까지 지속한다. 하지만 시냅스 형성과정에서 활용이 낮은 신경세포 연결망은 차츰 소멸하여 없어지게 된다. 반대로 환경에 의해서 자극과 강화를 많이 받으면 받을수록 오래 남게 되고 장기 기억으로 활용된다. 그러므로 양질의 경험을 반복하게 될 때 뇌의 연결망은 강해지게 된다.

인간의 지적 성장은 8세 이전에 가장 활발하게 일어난다. 이는 가족 배경에 의한 유전적 요소보다 개인의 지적 능력이나 교육적 성취에 더 많은 영향을 끼친다는 것이다. 여기서 가족 배경이란 가족의 사회적, 경제적 지위뿐만 아니라 부모가 유아교육에 대한 관점이나 자녀교육에 대한 적극성과 참여 정도를 의미한다. 이렇듯 인간 발달에 있어 결정적 시기의 중요성과 뇌 발달에 관한 연구결과들은 유아교육의 중요성을 확신하는 근거라고 할 수 있다.

이처럼 개인의 지능발달은 개인적 경험과 주위 환경, 부모의 양육태도, 경제적 요인, 영양 상태, 출생 전후의 환경, 사회적 배경 등 다양한 요인에 따라 달라질 수 있다. 지능은 유전에 의해

태어날 때부터 고정적인 것이 아니라 환경의 영향에 따라 달라질
수 있다는 점에서 아동교육의 중요성을 다시 한 번 강조할 수
있다.

3. 아동은 국가와 사회의 초석이다.

　아동교육의 발전은 시대적, 사회적 변화와 밀접한 연관이 있다.
특히 아동의 인권과 교육을 중요하게 여기고 이것을 강조할수록
아동교육의 역할도 중요하게 생각된다. 우리나라의 경우는
1980년대부터 유아교육에 대한 중요성과 필요성이 대두되기
시작했다. 부모들 역시 자식에 대한 교육열이 높아지면서
초등학교에 들어가기 전부터 자녀 교육에 많은 관심을 쏟았다.
　각 가정뿐만 아니라 국가와 사회적 차원에서도 아동교육에
관심을 두고 막대한 예산을 지원했다. 국가의 지원은 주로
문화적, 교육적 혜택을 누리지 못하는 빈곤지역이나 저소득층의
아이들을 대상으로 한 것이었다. 이러한 배경에는 소외계층에
복지 혜택을 지원한다는 의미도 있지만, 빈곤한 가정의
아이들에게 교육의 기회와 경험을 다양하게 제공함으로써
가난한 환경이 주는 악영향을 미리차단하려는 의도도 있었다.
　앞에서도 지적했듯이 유아기는 발달의 측면에서 교육적으로
매우 중요한 시기이다. 하지만 빈곤지역이나 빈곤가정의
아이들은 유아기 때에도 다양한 경험이나 교육적 자극을 받지
못할 가능성이 높다. 이런 상태로 초등학교에 들어가면 다른
아이들과의 격차 때문에 학교생활이나 학업능력에서 문제가
일어나는 경우가 많다.
　부모로부터 다양한 교육환경을 제공받은 아이들은 취학 전에
학습에 필요한 기본 지식과 경험을 익혀서 들어온다. 하지만
저소득층 아이들은 초등학교 학습에 대한 사전 경험이나 교육이

전혀 없는 채로 들어올 가능성이 높다. 이러한 이유로 초반부터
학업능력에 격차가 일어날 수 있다. 그런데 이 격차는 고학년으로
올라갈수록 더 더욱 벌어지게 된다. 나중에는 학업에 대한
흥미마저 떨어질 위험이 커진다.

　　미국의 경우를 보면 초등학교에 입학해서 학교생활에
적응하지 못한 아이들이 나중에 각종 범죄나 문제행동, 마약복용
등의 사회문제를 일으키는 경우가 많은 것으로 나타났다. 즉,
환경적인 결손으로 유아기에 적절한 교육을 받지 못한 것이
나중에는 사회 문제로 연결될 수 있다는 것이다.

인간 발달의 기본 원리

■ 적기성

인간이 자라면서 인간으로서 배워야 하는 것들을 발달 과업이라고 한다. 그리고 이 발달 과업들은 특정한 시기의 어떤 기관이나 기능이 발달하게 될 때 이와 함께 자연스럽게 익힐 수 있으며, 이 시기가 해당 과업들을 배우는 데 가장 적합한 시기라고 한다. 바로 이 시기를 '결정적 시기'라고 한다. 이 결정적 시기를 놓치게 되면 과업 획득의 효율성이 떨어진다고 한다.

■ 기초성

'세살 버릇 여든 까지 간다.'는 속담처럼 어릴 때 익힌 발달 내용들이 나중에 생기게 되는 모든 발달의 기초가 된다는 원리이다.

■ 누적성

앞서 말한 발달 과정들 중 한 단계를 배우는 것을 놓쳐 버리면 다음 단계를 배우는 것 또한 어려워질 수밖에 없다. 그리고 이러한 지연 현상이 누적되면 전체적인 발달에 장애가 있게 되고 문제가 심각해진다는 원리이다.

■ 불가역성

어떠한 발달 과업을 배울 수 있는 가장 좋은 시기를 놓치게 되면 그 뒤에 이 부분에 대해 발달 과업을 익히도록 보완하거나 고치는 것이 힘들어진다는 원리이다.

헤드스타트 프로그램(Head Start Program)

발달 과정에서 유아기는 교육적으로 매우 중요한 시기이다. 유아기의 교육 여하에 따라 초등학교 저학년 아동들의 학습 수준에서 격차가 나타날 수 있다. 이러한 격차를 조기에 줄이기 위하여 국가적·사회적 차원에서 많은 노력을 기울이기 시작했다. 대표적인 예가 바로 헤드스타트 프로그램이다.

헤드스타트 프로그램(Head Start Program)은 1960년대에 미국의 연방정부에서 실시한 프로그램이다. 국가가 저소득층 가정 아이들에게 교육을 시킴으로써 미래에 일어날 수 있는 사회적인 문제들을 예방하고, 빈부격차나 계층 간의 갈등과 빈곤의 세습을 최소화하려 했다. 또한 이러한 교육으로 좋은 인재를 많이 육성해서 국가 경쟁력을 높이기 위한 의도도 있었다.

유아기 때 적절한 교육을 받지 못한 아이들이 초등학교에 입학해서 학교생활에 성공적으로 적응하지 못할 경우 각종 범죄와 문제행동, 마약복용 등 사회적인 문제를 일으키는 사례가 많이 발견됐다. 이러한 사례를 통해 유아기 교육의 성패가 국가의 번영 및 사회적 안정과 직결된다는 인식이 생겨났다. 헤드스타트 프로그램도 이러한 인식을 기반으로 한 국가 주도의 교육 시스템이라고 볼 수 있다.

이 프로그램이 긍정적인 효과를 거두는 것을 보고 이 프로그램을 따라 하는 나라들이 많았다. 우리나라도 이 프로그램의 영향을 받아 저소득층 가정의 아이들이나 유아교육의 혜택을 받기 힘든 농어촌과 산간벽지의 아이들을 위해 새마을 유아원이 설립됐다. 현재는 저소득층 유아의 유치원 학비와 어린이집 보육료를 생활수준에 따라 전액 또는 일부를 차등지원해 주고 있으며, 교육복지사회를 구현하기 위한 제도적 장치를 마련하여 시행해 나가고 있다.

02 사회변화에 따른 가정형태 변화

가족 구조의 변화

우리나라는 불과 30여 년이란 짧은 시간 동안 농업사회에서 산업사회로 완전히 바뀌었다. 산업화는 사회적 생산구조뿐만 아니라 사회 각 부분에도 다양한 변화를 불러일으켰다. 산업화 과정에서 일어난 가장 큰 변화는 농촌 인구가 도시로 이동하면서 빠르게 진행된 도시화였다. 1995년에는 인구의 78.5%가 대도시에 집중될 정도로 도시화율(The Urbanization Rate)은 지속적으로 증가했다.

이렇게 도시로 인구가 집중되면서 가구 구조나 가족 형태, 가족의 삶의 양식 등 가족생활에도 전반적인 변화가 일어났다. 한국의 가족 구조 변화의 특징을 살펴보자면 다음과 같다.

먼저 가족의 규모가 줄어들면서 확대가족에서 핵가족, 소가족

© maroke

형태로 세대가 단순화됐다. 또한 편부나 편모, 노인 가족, 새싹
가족 등 기존에 비해 다양한 형태의 가족이 나타나기 시작했다.
또한 시대변화에 따른 가치관의 변화로 비혼 가정이나 미혼
인구가 늘어남에 따라 1인 가구의 비율도 나날이 증가하고 있다.
　이렇듯 산업화로 인해 가족 구조가 변함에 따라 기존 가족의
기능에도 변화가 나타났다. 가족과 일터가 공간적으로
분리되면서 농경사회에서 가족이 수행하던 생산기능은 약화
또는 상실되고 소비기능이 강화됐다. 이것은 가족을 부양하는
사람의 직업 및 소득수준에 따라 가족 구성원의 생활 기회 또는
생활양식이 결정된다는 것을 의미하기도 했다.

〈사회적 측면〉

산업화 초기단계에서 가족은 자녀의 양육과 성장뿐만 아니라 인격형성과 기초적인 사회화 과정을 담당했다. 그러나 산업화 이후에 사회가 다원화, 이질화, 전문화되면서 가족이 이 모든 역할을 담당하기는 어려워졌다. 이에 따라 기존 가족의 역할을 대체하거나 분담할 시설들이 늘어나기 시작했고, 자녀교육에 대한 책임이 부모에서 사회로 점차 옮겨가게 됐다. 우리가 알고 있는 보육시설 및 유치원, 학원 등이 이에 속한다. 이 시설들은 부모를 도와 가족의 기능 중 양육과 교육, 사회화 기능 등을 담당하게 됐다.

가족의 역할 변화에는 높아진 여성 교육 수준과 사회 진출도 큰 요인으로 작용하고 있다. 1970년부터 1995년까지 25세 이상 인구 중에서 고등학교 학력이 있는 여성인구의 비율이 6.1배, 대학 이상의 학력이 있을 경우는 8배 증가했다. 또한 여성의 경제활동 참가율은 1960년에 26.8%에 불과했지만, 2000년에는 48.3%로 40년 동안 약 21.5% 증가했다. 2015년에는 51.8%로 참가율은 지속적으로 증가해 왔지만 2000년 이후에는 소폭 상승하는 추세이다.

여성의 교육수준이 높아진 것과 함께 여자는 결혼을 하면 살림과 육아에 전념해야 한다는 전통적 가치관에도 변화가 일어났다. 여성도 자신만의 일을 하는 것이 당연시되는 사회 분위기가 형성되면서 결혼 후에도 직장생활을 계속하는 기혼여성들이 증가했다. 여성이 과거와 달리 결혼 후에도 계속해서 직장에 다니길 원하는 이유는 생활수준의 향상과 자녀교육비 증가에 따른 수입의 보충, 자신의 개발과 자아성취를 중시하는 태도 변화 때문으로 꼽고 있다.

이렇게 여성의 교육수준이 높아지고 자아실현과 경제적 자립 욕구가 강해지면서 가정의 테두리 안에서만 강조되던 여성의 역할이 사회적으로 확대됐다. 이에 따라 기혼 여성의 경제활동

참여를 지원해 줄 수 있는 다양한 보육 서비스의 필요성도 함께
증가했다.

자녀의 양육은 이제 더 이상 개별 가정의 책임이 아니라 사회
공동의 책임이라는 인식이 확대되기 시작했다. 정부에서는
이러한 인식 변화에 맞춰 국가적 차원에서 아동교육에 대한
관심을 가지고 제도적 경제적 지원을 강화하고 있다.

〈개인적 측면〉

가족은 사회의 최소 단위 조직으로서 성욕의 합법적 충족, 출산을
통한 인간의 재생산, 자녀에 대한 교육과 최소한의 사회화, 남녀의
성차에 기초한 경제적 협동이라는 네 가지 기능을 수행해 왔다.

그러나 현대사회에 들어 대가족에서 핵가족으로 가족 구조가
변화함에 따라 이러한 기능에도 변화가 일어났다. 가정 구조가
개별화, 고립화됨에 따라 부모들은 자녀 양육과 사회화 부분에서
불안을 느끼거나 부모로서의 정체성이 확립되지 않는 등의
문제가 일어났다. 이런 문제를 해결하기 위해 사회적인 도움을
요청하기 시작했다.

개별화된 핵가족 단위에선 어려울 수 있는 사회 경험 기회,
기본 생활습관 지도는 가정보다는 아동교육기관에서 하는 게 더
효과적이라는 인식이 강해졌다. 그러면서 일부러 교육 시설을
이용하여 아동을 교육하는 부모들도 늘어나고 있다. 이렇듯
아동교육기관 및 보육시설은 사회 구조적 필요성 외에도
부모들의 개인적 인식 변화와 맞물려 나날이 그 수가 증가하고
있는 추세이다.

　아동교육에 대한 의견은 각 사회의 아동관이나 생활양식의
변화에 따라 달라져 왔다. 이는 아동교육이 학문적 연구뿐 아니라
실제 우리 생활과 매우 밀접하게 연계되어 있기 때문이다.
　아동교육을 어떤 관점에서 보느냐에 따라 아동을 교육하는
방향 또한 달라진다. 더불어 이것은 아동의 성장에 큰 영향을
끼치게 된다. 때문에 부모 뿐 아니라 보육·유치원교사 또한
유아교육에 대해 올바른 관점과 개념을 알고 있는 것이 매우
중요하다.
　이 장에서는 아동교육에 대해 사회적으로 생각되는 일반적인
개념과, 학문적으로 정의된 견해를 바탕을 하는 본질적 개념 두
가지 요소를 함께 살펴보려 한다.

아동교육의 일반적 개념

아동교육에 대한 일반적 개념은 훈육, 양육, 보육, 조기재능교육 정도를 들 수 있다. 이런 개념은 유교적 아동관이 지배적이던 과거부터 현대적 아동관이 자리 잡은 지금까지도 널리 퍼져 있다.

〈훈육〉

유교적 아동관이 지배적이었던 시기에 확립된 개념이다. 유교적 가치관에 의하면 유아는 엄격한 통제와 체벌을 통해 심성을 순화시킬 필요가 있었다. 때문에 아동교육은 훈육과 같은 의미였으며 현대 아동관이 확립된 지금에서도 유교적 가치관이 여전히 통용되고 있다.

〈양육〉

이 개념은 어머니의 역할을 대신해 아동을 교육하는 기능에 초점을 맞춘 것이다. 유아의 신체적, 정서적 보호를 중요하게 여긴다.

〈보육〉

유아를 보육하는 것만이 아니라 보호, 양육, 교육의 기능까지 포함시키는 개념이다. 이 개념은 여성의 경제 참여와 맞벌이 부부의 증가로 그 중요성이 더욱 부각되고 있다. 여기서 보육은 교육보다 소극적인 개념으로 영양, 건강, 보건, 위생 등 유아의 기본적인 요구에 부응하고 돌봐주는 기능을 강조한 것이다. 최근 들어 보육시설을 확충해 나가는 추세도 아동교육에서 보육의 측면을 중요하게 여기기 때문이라고 볼 수 있다.

〈조기재능교육〉

유아의 잠재능력을 조기에 계발해서 훈련시키기 위해 교육의 적극적인 개입이 필요하다는 주장을 근거로 한 개념이다. 영계교육이나 초기교육, 예체능교육 등이 조기재능교육에 해당되며, 주로 음악, 미술, 무용, 운동 같은 특별한 재능을 개발시키는 데 중점을 두고 있다.

아동교육에 대한 개념 정립은 아동교육에 대한 신념과 지식을 바탕으로 강조점이나 접근방식이 다양할 수 있다. 먼저 기본적인 네 가지 요소를 기준으로 유아교육의 본질적 개념에 대해 알아보기로 하자.

〈교육대상〉

아동에게 교육을 실시하는 대상은 유아뿐만 아니라 부모와 형제 등 다른 가족 구성원들까지도 포함된다. 이는 초·중등교육과는 달리 유아교육은 가족구성원들의 적극적인 참여가 꼭 필요하기 때문이다. 가족의 참여가 없으면 교육의 효과가 증진되기 어려우며, 비록 효과가 있다고 하더라도 오래 지속되기 힘들다.

〈교육장소〉

아동교육이 이루어지는 장소는 대체로 유치원, 어린이집, 초등학교 등 교육기관에서 이루어지는 경우, 가정에서 이루어지는 경우, 지역사회의 인적·물리적 환경이 유아교육을 지원하는 경우, 동시에 이루어지는 경우를 들 수 있다

〈교육형식〉

교육의 형식은 연령이 어릴수록 보호와 양육의 측면이 강조되는 비형식적 교육에 치중하게 된다. 그리고 연령이 높아질수록 체계적이고 형식적인 교육에 중점을 두게 된다.

또한 놀이를 위주로 한 교육이 많이 이루어진다.

〈교육방향〉

아동교육의 방향은 행위와 행동을 중시하는 결과 중심이 아니라 학습활동에 참여하는 그 자체에 의미를 부여하는 과정 자체가 중심이다. 유아가 흥미와 필요를 느끼는 것을 충족시켜 주는 과정을 통해 동기, 이유, 생각, 느낌 등 창의적인 사고와 탐구력을 기르는 것이 중요하다.

아동교육의 목표

　이와 같이 아동교육의 대상과 장소, 형식, 방향의 측면에서 볼
때 '아동교육은 0세부터 8세까지 아동과 그 부모를 대상으로
가정과 아동교육기관, 그리고 지역사회에서 아동의 전인적
성장과 발달을 위한 보호와 교육'이라고 정의할 수 있다. 이러한
측면을 바탕으로 학문적인 아동교육의 본질적 개념은 모든
아동의 전인적·통합적 발달을 도와야 한다고 규정하고 있다.

〈전인교육(Wholeness)〉

　전인교육이란 인간발달의 모든 측면이 균형 있게 발달된
인간을 기르는 교육을 의미한다. 인간은 인지, 언어, 사회, 정서,
신체 등 각기 분화되어 성장하고 발달하는 것이 아니다. 전인적인
인격을 지닌 통합적인 존재로서 이 모든 발달영역이 통합적이며
전인적으로 성장·발달해야 한다는 것이다. 이러한 측면에서
아동교육은 아동의 전인적 발달을 도와주는 교육이어야 한다.
따라서 바람직한 아동교육은 발달의 어느 한 측면에 치우치지
않고 발달의 모든 측면이 조화롭고 균형을 이룬 전인적 인간으로
성장시키는 것을 교육의 목표로 해야 한다.

〈개별교육(Uniqueness)〉

　아동이 독자적, 개별적 개체로서 인간적인 삶을 영위하면서
성장하고 발달할 수 있도록 조력해야 한다. 아동 개개인은 각기
독특한 권리와 가치가 있으며 이를 인정하고 인격을 존중해야
한다. 따라서 교육 내용 역시 아동의 개별적인 능력과 발달에
맞춰져야 하며, 각각의 소질과 적성, 재능을 중시하고 이를
계발하는 것에 초점을 맞춰야 한다.

〈통합교육(Integrated Growth)〉

　아동이 받게 되는 교육활동은 그 이전 활동이나 이후 활동, 또는 다른 활동과의 유기적인 연관성이 있어야 한다. 여러 가지 발달영역과 경험을 균형 있게 다루되, 이전의 경험과 이어지면서 앞으로 경험하게 될 교육활동의 기초가 될 수 있도록 교육 계획을 세워야 한다.

　특히 놀이를 통해 학습 내용과 활동이 통합되어 자연스럽고 즐겁게 이루어지는 것을 본질적인 목표로 본다. 따라서 각 영역의 지식이나 경험을 재구성하여 흥미 중심, 문제 중심, 주제 중심으로 교육과정을 구성할 필요가 있다.

아동교육의 본질적 개념 요약

■ 아동교육은 0세부터 8세까지의 유아와 부모, 그리고 때에 따라 가족 구성원들까지를 대상으로 하는 교육이다.

■ 아동교육은 아동의 전인적 성장과 발달을 목표로 한다.

■ 아동교육은 아동의 흥미와 욕구를 중시하는 아동중심교육이다.

■ 아동교육은 결과중심이 아니라 활동 과정 자체가 중심이 되어야 한다.

■ 아동교육은 형식적인 교육 이외에 가정에서 행해지는 자연스러운 비형식적인 교육도 중요시한다.

아동교육은 초·중등교육에 비해 상당히 복잡하고 독특한 면이 있다. 대한민국의 모든 교육과정은 교육과학기술부 관할 아래 모든 행정적인 결정이 이루어지고 있다. 그런데 아동교육은 대상 연령과 교육기관이 다양하며 교육과정 역시 복잡하다. 이것은 아동교육의 일부 특징 때문이다.

〈개별화된 교육과정〉

아동교육은 사용되는 교재나 교구가 초·중등교육과정과 다르다. 초·중등교육은 교과서와 교사를 중심으로 학생들을 교육하는 반면 유아교육은 다양한 교육계획과 교육도구를 사용하며 주위 환경과의 상호작용을 중심으로 운영되고 있다. 아동기는 아직 글을 읽거나 쓸 수 있는 시기가 아니기 때문에 교과서 중심의 교육을 하기 힘들기 때문이다. 그러므로 아동의 창의성을 살릴 수 있는 교육계획과 교육도구의 개발이 중요하다. 또한 개별화 교육이나 소집단 활동이 많이 필요하고, 교육계획 및 교육 도구가 생활 자체에 녹아들어 함께 하는 활동 중심의 교육이 되어야 한다.

〈다양한 교육기관〉

아동교육은 교육 대상이 되는 연령이 다양하고, 각 연령의 특성에 맞춘 교육이 필요하기 때문에 아동교육을 담당하는 기관 역시 다양할 수밖에 없다. 전통적으로 아동들은 가정에서 교육을 받아왔고, 최근에도 3세 미만의 많은 유아들은 가정에서 양육되고 있는 편이다. 3세 이상의 유아라도 부모의 선택에 따라 가정에서 교육시킬 수 있다.

우리나라에서 아동교육을 담당하는 교육기관은 만 3세에서 취학 전 유아를 대상으로 하는 유치원과 0세에서 만 6세를

대상으로 하는 어린이집으로 나눌 수 있다. 유치원은 사립과
공립으로 나누어져 있으며, 어린이집도 민간 어린이집, 직장
어린이집, 가정 어린이집 등으로 구분되어 있다. 이외에도 조기
재능교육에 대한 부분들도 아동교육의 일부를 담당하고 있다.
최근에는 교육정책 변화에 따라 이와 같은 기준들도 함께
변화하고 있지만 대체로 이 구분들을 따르고 있다.

〈교육과 보호의 겸업〉

　아동교육은 아동을 교육하는 것뿐 아니라 보호하는 것도
중요하다. 이 때문에 아동교육은 여타 교육기관들보다 교육학뿐
아니라 가정학, 사회복지학, 간호학 등 다양한 학문과 연계되어
있으며, 내용도 일부 공유하고 있다. 이와 같은 아동교육의
특수성 때문에 아직도 아동교육을 학교 교육의 일환으로 보지
않고 양육의 의미로 여기는 관점도 있다.

누리과정

누리과정이란?

그동안의 아동교육은 어린이집과 유치원으로 나누어져 있었다. 어린이집은 보건복지부 소속이고, 유치원은 교육부 소속으로 각기 관할 부서가 다르며, 담당교사 및 교육 시스템 등에도 여러 차이점이 있다.

물론 이런 시설들은 맞벌이 등 가정 구조의 변화로 인해 가정에서 아이를 키우기 어려운 상황을 보조하고자 만들어진 것이다. 그러나 최근에는 보육 시설에서 교육 보조를 함께하고, 아이들의 사회성을 기르는 데에도 더 효율적이라는 인식이 생기면서 전업주부들은 아이를 이런 시설들에 보내는 게 일반적이게 됐다.

요즘은 유치원과 어린이집의 목적과 형태가 점점 유사해지는 추세이다. 그래서 학부모들도 수많은 아동교육 시설들 중 아이를 맡길 곳을 결정하는데 어려움을 겪고 있다. 이러한 문제점을 해결하기 위해 정부는 이 두 시설들을 통합적으로 관리하는 방침을 제정했는데, 이것이 '누리과정'이다. 이는 기존 초등교육까지 미치고 있던 공교육 시스템을 저연령(3~5세) 아동들에게까지 확장시킨 것으로도 볼 수 있다.

기존에 유치원과 어린이집으로 구분되어 있던 체제에서는
유치원은 유치원 교육과정을, 어린이집은 표준보육과정을 따르고
있었다. 하지만 누리과정에서는 이 두 체제를 합쳐서 공통
교육과정을 제시하고 있으며, 이로서 교육과정의 차이에서 오는
혼란을 줄이고 아동들에게 표준적인 교육과정을 제공할 수 있게
됐다. 초기에는 '만 5세 공통 교육과정'으로 불리며 만 5세
아동에게만 적용되었으나, 추후 범위를 확장하여 만 3세
아동까지 적용되는 연령을 넓혔다.

더불어 학비 지원 시스템도 개선됐고, 재원도 단일화 하여 각
시, 도 교육감이 지방자치단체 장에게 해당 내용을 위탁하여
관리하는 형식을 취하고 있다. 이전에는 하위 소득 가정의
70%에게만 보육료를 지원했다. 그러나 이제는 부모의 소득
수준에 상관없이 만 3~5세 아동을 보육·교육시설에 보내는 모든
부모에게 일괄적으로 교육비를 지원하여 경제적인 부담을
덜도록 했다. 이에 대한 상세한 금액이나 세부 내용은 매년
법안에 따라 개정되고 있으므로 정확한 변경내용을 확인하는
것이 좋다.

누리과정은 지난 2011년부터 추진되어 2013년부터 적용되기
시작했기 때문에 완전히 틀을 갖추기까지는 시간이 걸릴 것으로
본다. 때문에 시설들의 경우 기존의 이분화 체제가 유지되고
있으며, 교사의 자격기준이나 교사 양성, 담당 기관의 법적 기준
등에 대해서도 여전히 혼동이 있으나 차차 변경될 예정이다.

현재는 2019년 개정된 누리과정을 적용하여 교육하고 있다.

이와 같이 지속적인 체제 정비를 통해 모든 국민이 평등한
교육을 받을 수 있는 권리를 확장시키고, 전반적인 교육 체계의
질적인 향상을 도모할 수 있을 것으로 기대된다. 더불어 저출산
시대를 맞이하여 국가적인 차원에서 양육을 지원함으로써 출산
장려 측면에서도 의의가 있다고 할 수 있다.

누리과정 요약

■ **목적**

국가적으로 만 3~5세 아동에 대해서 공통된 보육·교육과정 제공

■ **내용**

기존 어린이집의 표준 보육과정과 유치원의 유치원 교육과정을 '누리과정'으로 통합

■ **의의**

어린이집이나 유치원 중 어떤 기관에 아동을 맡겨도 공통된 보육·교육과정을 받을 수 있으며 보육·교육 비용 부담 경감

누리과정은 만 3~5세 유아를 대상으로 운영되며 다음과 같은 다섯 가지 목표 아래 여섯 가지 내용으로 구성되어 있다.

〈누리과정의 목표〉

- 자신의 소중함을 알고, 건강하고 안전한생활 습관을 기른다.
- 자신의 일을 스스로 해결하는 기초능력을 기른다.
- 호기심과 탐구심을 가지고 상상력과 창의력을 기른다.
- 일상에서 아름다움을 느끼고 문화적 감수성을 기른다.
- 사람과 자연을 존중하고 배려하며 소통하는 태도를 기른다.

〈누리과정의 구성〉

'누리'의 의미

'누리교육과정'은 보건복지부와 교육과학기술부에서 기존 '만 5세 공통 교육과정'을 대체할 명칭을 공모하여 결정된 이름이다. '누리'는 '세상'이라는 뜻의 순우리말로, 아이들이 공통된 교육을 통해 꿈과 희망을 누리며 행복한 세상을 만들어가기를 바라는 소망을 담고 있다.

'누리과정이 만들어질 당시에는 '누리교육과정'이라고 했는데, 2019년 개정안이 나오면서 '누리과정으로 명칭이 바뀌었다.

- 질서, 배려, 협력 등 기본생활습관과 바른 인성을 기르는 데 중점을 둔다.
- 자율성과 창의성을 기르는 데 중점을 두고, 전인발달을 이루도록 구성한다.
- 사람과 자연을 존중하고, 우리 문화를 이해하는 데 중점을 두어 구성한다.
- 만 3~5세 유아의 발달 특성을 고려하여 연령별로 구성한다.
- 신체운동과 건강, 의사소통, 사회관계, 예술경험, 자연탐구의 5개 영역을 중심으로 구성한다.
- 초등학교 교육과정과 0~2세 표준보육과정과의 연계성을 고려하여 구성한다.

누리과정의 편성 지침은 다음과 같다.

가. 1일 4~5시간을 기준으로 편성한다.

나. 5개 영역의 내용을 균형 있게 통합적으로 편성한다.

다. 유아의 발달 특성 및 경험을 고려하여 놀이를 중심으로 편성한다.

라. 반(학급) 특성에 따라 융통성 있게 편성한다.

마. 성별, 종교, 신체적 특성, 가족 및 민족 배경 등으로 인한 편견이 없도록 편성한다.

바. 일과 운영 시간에 따라 심화, 확장할 수 있도록 편성한다.

현재 운영되는 유치원과 어린이집은 운영 시간이 모두 다르다. 유치원의 경우는 1일 4~5시간을 기본 과정으로 하고, 이후 시간은 방과 후 과정으로 운영하고 있다. 반면 어린이집은 1일 12시간을 기본 운영시간으로 하고 있다. 이렇게 편성·운영 기준에 차이가 있기 때문에 이에 따른 문제점을 해결하기 위해 공통 교육시간이 제시될 필요가 있었다. 현행 유치원과 어린이집의 운영 기준은 그대로 유지하면서 공통과정을 제공하는 것이므로 전체 일과 운영에 분리하여 적용하기보다 오전 3~5시간 동안의 운영을 원칙으로 유연하고 탄력적으로 편성해야 한다.

또한 현재 유치원과 어린이집의 일과는 기본과정, 방과 후 과정, 종일제 등 형태가 다양한데 이것을 누리과정 운영 원칙에 맞춰 심화, 확장할 수 있도록 유동적으로 편성할 필요가 있다.

누리과정은 만 3, 4, 5세 유아에게 필요한 기본 능력과 소양을 기를 수 있는 내용을 선별하여 신체운동과 건강, 의사소통, 사회관계, 예술경험, 자연탐구 5개 영역으로 구성되어 있다. 그리고 각 영역별로 세부 내용이 구성되어 있다. 이에 따라 편성된 5개 영역별 세부 내용을 면밀히 검토하여 균형 있게 나뉘도록 구성된다.

유아기는 전 생애에 걸쳐 성장 발달의 기초가 형성되는 시기이다. 따라서 신체, 정서, 언어, 인지, 사회성을 포괄하는 모든 영역이 고르게 발달되는 것이 바람직하다. 제공되는 세부 영역에 대해서는 추후 자세히 설명될 예정이다.

교육방식은 놀이교육이 가장 적합하다. 놀이교육은 유아교육에서 놀이교육은 빼놓을 수 없는 중요한 요소이자 필수 조건이라고도 볼 수 있다. 이는 유아의 발달 특성상 성인과 같은 문자 중심의 학습보다는 생활 속에서 사물을 직접 다루는 놀이 학습이 더 효과적으로 작용하기 때문이다. 따라서 각 영역별 교육을 실행할 때에도 스스로 놀이를 주도해 가면서 통합적인 경험을 하게 하는 것이 좋다. 따라서 유아가 흥미를 가지고 자발적이고 지속적으로 참여할 수 있는 놀이 중심의 교육과 보육 활동을 편성해야 한다.

학급을 편성할 때는 아동의 특성과 학급 특성에 따라 교육내용이 달라질 수 있다는 것을 고려해야 한다. 때문에 이를 효율적으로 적용하려면 개별 유아의 발달 특성이나 요구에 대한 폭넓은 이해를 바탕으로 적합한 활동을 계획하고 편성해야 한다.

마지막으로는 유아의 정서적인 부분을 고려해야 한다. 유아 개개인의 특성과 개성을 이해하고 존중하며, 수용하는 태도를 길러 특정한 편견이 길러지지 않도록 교육해야 한다. 사용되는 학습 자료나 학습 주제에 대해서

세심하게 신경 써야 하며, 유아를 보육하는 교사 스스로도 언어나 행동 면에서 이러한 편견이 없는지 점검할 필요가 있다.

최근 들어 다문화 가정이 늘어남에 따라 이와 관련된 교육내용들도 변화하고 있다. 같은 학급의 유아들이 서로의 다양한 문화를 이해할 수 있는 기회를 제공하며, 서로 존중하고 배려할 수 있는 분위기가 형성되도록 노력할 필요가 있다.

또한 장애 유아는 신체적 상태에 맞는 적합한 교육 내용과 활동을 개별 편성할 필요가 있다. 기본적으로는 일반 유아에게 맞도록 편성된 과정을 적용하되, 아동이 참여하거나 수용하기 어려울 경우 장애 유아의 특수성에 맞는 개별화 교육 계획을 수립한다.

더불어 유아가 성역할에 대해 편견을 갖지 않도록 주의해야 하며, 특정 종교에 대해 강조하거나 주입하는 행동을 지양한다. 또한 한부모 가정, 조손 가정 같은 다양한 가족 형태와 배경을 이해할 수 있는 활동을 계획할 필요도 있다.

〈신체운동〉

유아기는 활발한 신체 활동을 통해 건강을 증진하며 조화로운
생활 습관을 기를 수 있다. 이에 따라 유아의 기본적인 운동
능력을 키우며, 건강하고 안전한 생활 습관을 기를 수 있도록
신체운동 영역이 편성됐다.

■ 신체 인식하기
　몸의 다양한 움직임을 살펴보며 자신의 신체를 긍정적으로
　인식하고, 여러 감각 능력과 기관을 활용하는 능력을 기르는
　방법을 배우게 된다.

　- 감각능력 기르고 활용하기
　- 신체를 인식하고 움직이기

■ 신체 조절과 기본 운동하기
　운동을 통해 몸을 기울이거나 움직이며 균형을 잡는 법을
　익히고, 기본적인 운동 능력의 기초를 다잡기 위한 내용이다.

　- 신체 조절하기
　- 기본 운동하기

■ 신체 활동에 참여하기
　이러한 신체운동과 활동에서 유아가 즐거움을 느낄 수 있도록
　하며 자발적인 참여를 돕는 활동이다. 이를 통해 원활한 신체
　활동 및 규칙적인 습관을 기를 수 있도록 한다.

　- 자발적으로 신체 활동에 참여하기
　- 바깥에서 신체 활동하기
　- 기구를 이용하여 신체 활동하기

■ 건강하게 생활하기

기본적인 청결교육 및 위생교육을 통해 질병을 예방하고
건강한 생활 습관을 만들 수 있도록 한다. 이와 함께 바른
식생활 습관을 익히고 건강한 일상생활을 유지할 수 있는
능력을 함양하는 데 힘쓰도록 한다.

- 몸과 주변을 깨끗이 하기
- 바른 식생활하기
- 건강한 일상생활하기
- 질병 예방하기

■ 안전하게 생활하기

일상생활에서 안전하게 생활하는 습관을 형성하고,
교통규칙을 바로 알고 지키며, 재난이나 사고 등 비상사태가
발생했을 때 슬기롭게 대처하는 방법을 알고 실천하도록
지도하는 데 중점을 둔다.

- 안전하게 놀이하기
- 교통안전 규칙 지키기
- 비상 시 적절히 대처하기

신체운동 목표

- 감각 능력을 기르고, 자신의 신체를 긍정적으로 인식한다.
- 신체를 조절하고 기본 운동 능력을 기른다.
- 신체 활동에 즐겁게 참여한다.
- 건강한 생활 습관을 기른다.
- 안전한 생활 습관을 기른다.

© 어린유치원

　신체운동 영역은 유아의 특성상 놀이를 중심으로 계획되어
있다. 때문에 교사와 유아의 안전이 무엇보다 중요한 영역이다.
교사는 유아가 다양한 놀이를 통해 일상생활에서 즐겁게
운동하고 규칙적으로 생활하며, 건강한 생활 습관을 갖도록
지도해야 한다.

〈의사소통 영역〉
　유아기는 말의 조음이 완성되는 시기이다. 따라서 말과 글을
통해 기본적인 의사소통을 익히는 과정이 매우 중요하다. 때문에
자신의 생각과 느낌을 타인에게 표현하는 법과 타인의 말을 잘
듣고 바르게 이해하는 법을 익히는 과정으로서 의사소통 영역이
편성됐다.

■ 듣기
　생활 전반에서 사용되는 간단한 낱말과 짧은 문장에서부터 긴
문장구조까지 전체적인 이야기를 듣고 이해하도록 하는 것이

목표이다. 더불어 동요나 동시 등 형식이 있는 언어체계에 대한 학습도 함께 한다.

- 낱말과 문장 듣고 이해하기
- 이야기 듣고 이해하기
- 동요, 동시, 동화 듣고 이해하기
- 바른 태도로 듣기

■ 말하기
듣기에서 익힌 낱말과 문장을 직접 말하는 훈련을 한다. 자신의 느낌과 생각, 경험을 말하기. 이야기를 지어서 말하기, 듣는 사람의 느낌과 생각을 고려하여 상황에 맞게 바르게 말하는 태도를 기르도록 한다.

- 낱말과 문장으로 말하기
- 느낌, 생각, 경험 말하기
- 상황에 맞게 바른 태도로 말하기

의사소통 영역 목표

- 다른 사람의 말을 주의 깊게 듣는 태도와 이해하는 능력을 기른다.
- 자신의 생각과 느낌을 말하는 능력을 기른다.
- 글자와 책에 친숙해지는 경험을 통해 글자 모양을 인식하고 읽기에 흥미를 가진다.
- 말과 글의 관계를 알고 자신의 생각, 느낌, 경험을 글로 표현하는데 관심을 가진다.

■ 읽기

자주 접하는 친숙한 글자를 찾아보고, 자주 보았던 글의 내용에
관심을 가지며 책 읽기를 즐기도록 돕는다.

- 읽기에 흥미 가지기
- 책 읽기에 관심 가지기

■ 쓰기

자기 이름을 쓰는 데 관심을 보이고, 말이나 생각을 글로
나타낼 수 있음을 이해하고, 글자와 비슷한 형태 등으로 표현해
보도록 한다.

- 쓰기에 관심 가지기
- 쓰기 도구 사용하기

언어의 특성상 의사소통영역의 네 가지 범주는 서로 밀접하게
연관되어 있다. 말하는 사람이 있어야 들을 수가 있으며, 타인의
의견을 이해해야 그에 따라 자신이 하고 싶은 말을 할 수 있기
때문이다. 때문에 교사는 이 네 가지 영역을 유동적으로 조율하여
교육할 수 있도록 신경 써야 한다.

〈사회관계〉

유아기는 자신의 자아를 인식하는 것과 함께 타인과의 상호
작용을 통해 기본적인 사회관계능력의 기초를 형성하는
시기이다. 기본적인 가족관계에서부터 또래 친구들 및
이웃들과의 관계를 형성하고 나아가 미래 사회 구성원으로서
살아가는 데 필요한 기초 소양을 기르기 위해 사회관계 영역이
편성됐다.

유아의 언어 사용 능력

■ 만 3세

기본적인 의사소통은 가능
하지만 '왜'나 '어떻게'라는
질문을 잘 이해하지 못한
다.

간단한 낱말로 이루어진 단
문을 만들 수 있다.

구사 가능한 어휘 수는 약
1,000개 정도이다.

■ 만 5세

확장된 의사소통이 가능하
다.

질문에 대한 이해력이 3세
에 비해 심화되며 복잡한
문장을 만들 수 있다.

구사 가능한 어휘 수는 약
2,200개 정도로 만 3세에
비해 2배 정도 증가한다.

■ 나를 알고 존중하기
올바른 자아 형성으로 자아 존중감과 자신을 소중히 여기는
태도를 기를 수 있다. 이러한 과정을 기반으로 자신의 일을
스스로 계획하고 실천하는 자기 주도성을 형성하도록 돕는다.

- 나를 알고 소중히 여기기
- 나의 일 스스로 하기

■ 나와 다른 사람의 감정 알고 조절하기
타인과 바른 관계를 형성하기 위한 기초 작업이다. 자신의
감정을 조절하며 타인의 감정을 읽고 바른 표현을 할 수 있도록
한다.

- 나와 다른 사람의 감정 알고 표현하기
- 나의 감정 조절하기

사회관계 목표

- 자신을 소중히 여기며 자율성을 기른다.

- 자신과 타인의 감정을 알고, 자신의 감정을 적절하게 표현하고 조절한
다.

- 가족과 화목하게 지내며 서로 협력한다.

- 또래 친구, 공동체 구성원들과 서로 돕고, 예의와 규칙 등 사회적 가치
를 알고 지킨다.

- 우리 동네, 우리나라, 다른 나라에 관심을 가진다.

■ 가족을 소중히 여기기

가족을 믿고 존중하는 방법을 배우게 된다. 가족이 무엇인지
이해하는 과정과 더불어 가족의 행복을 위해 본인을 포함한
가족의 노력이 왜 필요한지 생각해 보는 능력을 함양하도록
한다.

- 가족과 화목하게 지내기
- 가족과 협력하기

■ 다른 사람과 더불어 생활하기

타인의 생각과 행동을 존중하는 법을 배우며, 화목한 생활을
위한 협력을 익히게 된다. 갈등이 일어났을 때 해결하는 법을
포함하여 기본적인 대인관계 예절과 질서 및 공공 규칙 등을
익히도록 한다.

- 친구와 사이좋게 지내기
- 공동체에서 화목하게 지내기
- 사회적 가치를 알고 지키기

■ 사회에 관심 갖기

더불어 살아가는 방법에 대해 익히게 된다. 가정 다음으로 가장
가까운 사회공동체인 지역사회와 국가를 이해하며 기본적인
문화를 익혀 자긍심을 함양하도록 한다.

- 지역사회에 관심 갖고 이해하기
- 우리나라에 관심 갖고 이해하기
- 세계와 여러 문화에 관심 가지기

유아가 자아를 올바르게 인식하고, 타인과 원활한 의사소통을

© 아람유치원

하고 관계를 맺을 수 있으며 나아가 지역사회와 공동체에서
더불어 살아가는 방법을 전반적으로 익히게 하는 데 목표가 있다.
교사는 각 단계별 영역을 알맞게 학습하고 상위 영역으로 내용을
확장해 갈 수 있도록 유동적으로 조율하며 신경 써야 한다.

〈예술경험〉

유아기는 자신의 감각과 신체를 통해 주위 다양한 사물을 보고,
듣고, 만지는 과정을 겪는다. 이때 기본적인 학습뿐 아니라
예술적인 요소를 이해할 수 있는 기초적인 능력을 함께 배우게
된다. 때문에 유아가 주위 자연환경부터 다양한 예술 작품에
이르기까지 아름다움이 무엇인지 익히고 표현할 수 있는 많은
기회를 제공하여 그러한 역량을 갖출 수 있도록 예술 경험 영역이
편성됐다.

■ 아름다움 찾아보기
주변 경관 등 자연환경에서부터 예술 영역에 이르기까지 각

영역별 예술요소를 탐색하게 된다. 음악이나 춤, 미술 등을
자연스럽게 접하며 잠재된 아름다움을 발견하고 찾아보도록
돕는다.

- 음악적 요소 탐색하기
- 움직임과 춤 요소 탐색하기
- 미술적 요소 탐색하기

■ 예술적 표현하기
자신이 느끼는 아름다움을 다양한 형식으로 표현하는 방법을
익힌다. 다양한 재료와 도구를 사용하여 자신의 느낌과 생각을
자유롭게 표현할 수 있도록 한다.

- 음악으로 표현하기
- 움직임과 춤으로 표현하기
- 미술 활동으로 표현하기
- 극 놀이로 표현하기
- 통합적으로 표현하기

예술경험 목표

- 자연과 주변 환경에서 발견한 아름다움과 예술적 요소에 관심을 가지
고 탐색한다.

- 자신의 생각과 느낌을 음악, 신체 동작이나 춤, 미술, 연극놀이를 통해
창의적으로 표현하는 것을 즐긴다.

- 자연과 다양한 예술 작품을 감상하며, 풍부한 감성과 심미적 태도를
기른다.

■ 예술 감상하기

　다양한 분야의 예술을 경험하는 과정이다. 주변 자연
　사물에서부터 여러 가지 예술 작품까지 여러 영역의 작품들을
　감상할 수 있는 많은 기회를 제공하도록 한다.

　　- 다양한 예술 감상하기
　　- 전통 예술 감상하기

　유아기에는 예술 작품을 감상하고 경험하는 활동을 통해
예술에 대한 감각과 심미안을 갖추게 된다. 또한 자신이 보고
듣고 느낀 것을 표현하게 되는데, 이 시기 아동들은 성인에 비해
보다 창의적인 표현을 하기도 한다. 때문에 아동의 창의성이
자유롭게 발휘될 수 있도록 충분한 도구와 환경을 제공해야 하며
때에 따라 잠재된 재능을 발견할 수 있는 재량도 필요하다.

〈자연탐구〉

　유아기 아동은 주변에 대한 호기심이 왕성하여 알고자 하는
욕구가 강하다. 그래서 끊임없이 질문을 하는데, 이러한 호기심과
탐구심은 사고력 향상의 토대가 된다. 때문에 주위 사물이나 자연
현상을 관찰하여 호기심을 가지고 관찰하고 탐구할 수 있도록
조력하여 수학, 과학적 사고력을 갖추도록 하기 위해 자연탐구
영역이 편성됐다.

■ 탐구하는 태도 기르기

　주위 사물과 자연세계를 즐겁고 자연스럽게 탐구할 수 있는
　지식과 태도를 익히고, 탐구에 알맞은 태도를 익히도록 한다.
　이를 통해 기본적인 탐구심을 키울 수 있도록 돕는다.

- 호기심을 유지하고 확장하기
- 탐구과정 즐기기
- 탐구기술 활용하기

■ 수학적 탐구하기
기초적인 수학 개념과 공간 및 도형의 개념 등 기본 개념을
익히는 것을 통해 수학적 사고와 논리적인 판단력을
향상시키며, 추론과 논리적 사고로 문제를 해결하는 능력을
키울 수 있도록 한다.

- 수와 연산의 기초개념 알아보기
- 공간과 도형의 기초개념 알아보기
- 기초적인 측정하기
- 규칙성 이해하기
- 기초적인 자료 수집과 결과 나타내기

■ 과학적 탐구하기
인간과 더불어 살아가는 수많은 생명체들과 자연 환경에 대해
배우고 탐구할 수 있는 기회를 제공한다. 인간과 자연의 관계를
인식하고, 자연 현상을 알아볼 수 있도록 도우며 때에 따라

자연탐구 목표

- 주변의 사물과 자연 세계에 대해 호기심을 가지고 탐구하는 태도를 기른다.

- 생활 속의 여러 상황과 문제를 논리적, 수학적으로 이해하고 해결하기 위한 기초 능력을 기른다.

- 주변의 관심 있는 사물과 생명체 및 자연현상을 탐구하기 위한 기초 능력을 기른다.

기계나 도구를 활용하기도 한다. 나아가 과학기술 전반에
대해서도 관심을 둘 수 있도록 돕게 된다. 전체적으로 과학
전반에 대한 탐구심을 기르도록 한다.

- 물체와 물질 알아보기
- 생명체와 자연환경 알아보기
- 자연현상 알아보기
- 간단한 도구와 기계 활용하기

아동의 호기심과 관심을 확장하여 자발적으로 즐겁게 해당
영역에 관심을 가질 수 있도록 도와야 한다. 더불어 궁금한 것을
해결해 주고 필요에 따라 적극적인 지원을 할 수 있어야 한다.
이를 토대로 유아가 자연스럽게 수학적, 과학적 사고능력을
갖추며 이를 통해 문제를 해결할 수 있는 역량을 갖추도록 도와야
한다.

누리과정의 교육 방식은 위와 같은 편성기준과 내용에 따르며,
이 지침을 수용하는 각 보육, 양육시설의 운영 지침은 다음과
같은 운영 규정을 따르게 된다.

가. 연간, 월간, 주간, 일일 계획에 의거하여 운영한다.
나. 실내·외 환경을 다양한 흥미 영역으로 구성하여 운영한다.
다. 유아의 능력과 장애정도에 따라 조정하여 운영한다.
라. 부모와 각 기관의 실정에 따라 부모교육을 실시한다.
마. 가정과 지역사회와의 협력과 참여에 기반하여 운영한다.
바. 교사 재교육을 통해서 누리과정 활동이 개선되도록
    운영한다.

유아교육은 철저한 계획에 따라 이루어질 필요가 있다. 작게는
일일 활동에서부터 주간, 월간, 크게는 연간 과정에 이르기까지
각 영역별 목표와 내용을 균형 있게 반영한 계획안을 중심으로
운영해야 한다.
단, 교사 및 시설의 일방적인 지도계획이 아니라 유아의 흥미나
상황을 고려한 수준별 활동계획을 수립할 수 있도록 신경 써야
한다. 더불어 큰 틀에 맞추되 각 유아의 반응이나 변화 상황에
따라 유동적으로 조율하며 진행할 필요가 있다.
또한 앞서 보았던 5개 영역 중 한 영역에 치우치지 않도록
계획하고, 일과 평가, 주별 협의, 월중 회의 등을 통해 지속적으로
이를 점검해야 한다.
활동은 유아가 흥미를 가질 수 있도록 다양한 활동들을
구성해야 하며, 실외 실내 활동을 고르게 편성할 필요가 있다.
실내에서는 시설 내 공간과 기능을 고려하여 쌓기 놀이, 언어,
과학, 수·조작, 음률, 미술, 역할놀이, 모래·물놀이 등의 다양한
활동이 가능하도록 흥미 영역을 구성해야 하며, 실외에도 다양한
흥미 영역을 적절하게 배치하고 운영한다. 이때 내용들은 앞서

언급된 교육 계획 및 주제에 따라 전개돼야 한다.

학습 계획은 일반학급과 특수 학급에 따라 개별적인 계획을 세울 필요가 있다. 상황에 따라 두 학급을 구분하기도 하고, 통합 운영하기도 하되 장애 아동 등 특수한 아동이 능력과 장애로 인해 차별받지 않도록 적절한 환경과 활동 자료를 제공해야 한다. 또한 때에 따라 전문 치료가 필요한 경우에는 이에 협력해야 한다.

이 모든 내용을 진행할 때 교사 개인의 자질도 중요하지만 부모의 역할과 재량도 마찬가지로 중요하다. 때문에 부모가 부모의 바른 역할을 이해하고, 유아의 특성과 상황에 따른 적절한 대처 기술을 알고 실천할 수 있도록 부모교육을 실시해야 한다.

교사는 가정통신문이나 편지, 게시판 등 공문과 더불어 부모 간 모임 및 개인 면담, 참여수업 등을 통해 서로 소통하며 교육방식을 논의하도록 노력해야 한다. 나아가 지역사회에서 제공되는 부모 교육 프로그램 등을 충실히 활용할 수 있도록 지원, 격려할 필요가 있다.

유아는 사회의 기반이 되는 미래의 재원이다. 각 가정과 지역사회가 서로 연계하고 협력하여 유아가 건강하고 행복하게 성장할 수 있도록 도울 의무가 있다. 때문에 지역사회는 각 지역의 환경과 상황, 역사에 따라 특성에 맞는 보육과 교육활동을 실시하며, 부모 및 교사를 위한 다양한 프로그램을 제공해야 한다. 그리고 이와 같은 프로그램이 잘 실시되고 있는지 예의 주시하며, 이를 교육현장에 충실히 반영해야 한다.

마지막으로는 교사 스스로가 교육과정의 내용과 운영 방식을 충실히 이해해야 한다. 누리교육과정의 경우는 교육과정의 표준화를 위해 별도의 평가가 실시되고 있는데 이 기준에 맞춰 전문성을 갖춘 교사의 재교육이 꾸준하게 이루어질 필요가 있다.

영유아 교육·보육 통합 추진단

누리과정이 제정되어 유아교육시스템이 통합됨에 따라 이를 관리할 통합 부처의 필요성이 대두됐다. 기존에는 보건복지부가 0~5세 아동을 관리하는 어린이집을, 교육과학기술부가 3~5세 아동을 관리하는 유치원을 별도로 관리했다. 이렇게 담당 부처와 정책이 각기 다름으로 인해 시설을 이용하는 학부모들의 혼란과 불편이 이어지고 있었다. 이러한 혼란과 불편을 해소하기 위해 2014년 2월에 영·유아 보육·교육체계를 개선할 통합 추진단이 출범했다.

통합 추진단의 발족단계에서는 고영선 국무 2차장을 단장으로 하여 기획재정부, 교육부, 보건복지부 및 관련 부처 공무원과 육아정책연구소, 보육진흥원의 민간 전문가 18명이 참여했다. 이들은 기획조정팀, 운영개선팀, 평가기준개선팀 등 3개 팀으로 나뉘어 구성된다.

통합 추진단에서는 교육과정 통합 작업을 지원하고 추진되는 내용을 분석하는 등 실무를 담당할 예정으로 다음과 같은 세 단계로 계획을 추진하고 있다.

먼저 1단계로는 전반적인 기반을 구축하고 조정하는 작업이다. 유치원과 어린이집에 공통되는 평가항목과 기준을 만듦으로써 운영 형태 및 기준의 통일성을 구축하고, 각 기관들에 대한 평가 인증을 연계하는 방안을 추진하기로 했다. 더불어 교육비, 교사, 급식 등 교육 관련 정보 공개 범위 또한 논의 후에 추가 확대할 예정이다.

다음으로는 시설 현장의 규제와 운영 상황에 대한 통합적인 정비를 할 예정이다. 유치원과 어린이집 양 시설에 있는 교사 양성체계를 연계하는 방안을 추진하기로 했으며, 교실의 면적 대비 혹은 각 교사가 담당하는 아동의 비율 등을 단일화할 예정이다. 더불어 교육비 지원 카드 또한 단일화 방안을 추진하고 있다.

마지막으로는 관리 부처의 확립으로 위 두 가지 단계로 통합되는 두 시설들을 관리할 부처를 확립하고 관련 법률과 재원 등을 통합할 예정이다.

해당 내용은 정책 상황에 따라 일부 변경되거나 세분화될 수 있기에 매년 관련 부처에서 상세한 내용을 확인하는 것이 좋다.

Part Two

Who & What

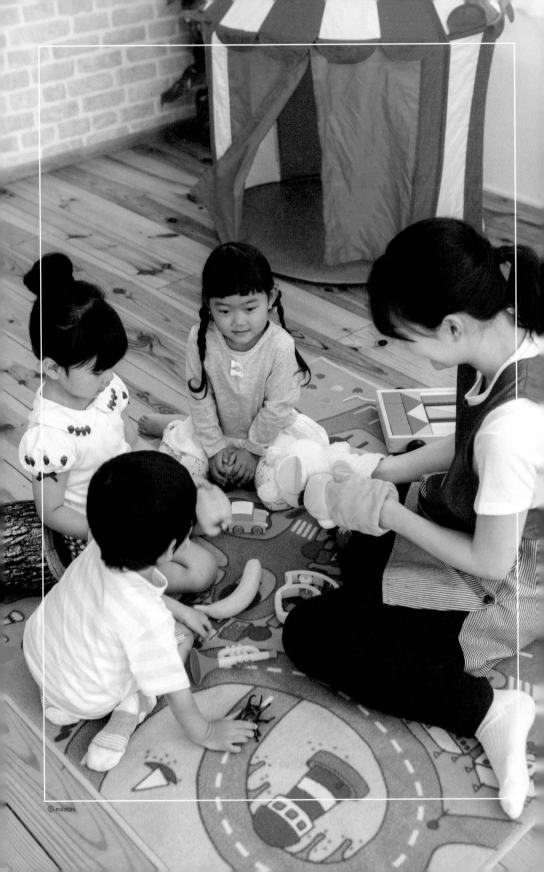

보육교사가 하는 일

보육교사는 어린이집이나 놀이방 등의 보육 시설 및 소속별
아동 복지 시설에서 아동을 교육하고 보호하는 일을 한다. 위탁된
아동을 연령 및 발육단계, 심신 상태에 따라 구분하고, 해당
구분에 알맞은 보육 계획에 맞춰 아동을 보육하게 된다.

담당 아동을 관찰하여 성향과 요구에 맞는 보육방식을
결정하고, 알맞은 교재와 도구를 이용하여 아동을 돌보게 된다.
이때 사용되는 도구는 장난감 혹은 그림책 악기 등이 있으며
전반적으로 아동의 정서와 지능 발달을 돕는 방향으로 돌봄을
진행한다. 또한 아동의 상태에 따라 잠을 재우기도 하고, 때에
맞춰 식사와 간식 등을 먹게 한다. 이때에도 균형적인 영양
상태를 유지하고 바른 식습관을 갖출 수 있도록 돕는다.

이 모든 과정을 보육 일지에 기록해야 하며 이를 바탕으로
아동의 부모들과 충분한 의견을 나누어 아동이 올바른 방향으로
성장할 수 있도록 최선을 다한다. 그밖에 보육교사의 근무지이자
아동들의 보육 터전인 시설이 잘 운영될 수 있도록 꾸준히
관리해야 하며, 보육 및 교육내용에 따라 알맞게 해당 시설을
꾸미기도 한다.
　　보육교사의 주요 업무는 다음과 같다.

■ 영·유아의 보육
■ 영·유아의 건강관리
■ 아동교육방법 연구
■ 보육 시설의 관리 및 운영
■ 보육 시설 구성
■ 부모 및 보호자와 정보 교류
■ 부모 및 보호자와 의사소통

보육·유치원교사의 사명

■ 보육 · 유치원교사는 부모를 보조하거나 부모와 더불어 아동이 신체
적으로 안전하며 정신적인 안정을 유지할 수 있도록 돕는 보조 양육자이
다.

■ 보육 · 유치원교사는 아동을 보육함과 동시에 충분한 교육계획을 세
우고 그것을 수행하여 아동의 전반적인 사고 발달을 돕는 교수자이다.

■ 보육 · 유치원교사는 아동들의 기질과 성향을 세심하게 관찰하고 수
시로 소통하여 해당 아동의 요구와 흥미에 맞는 보육 · 교육 활동을 실행
할 수 있도록 하는 조력자이다.

■ 보육 · 유치원교사는 발달기 아동의 동일시 대상이자 모방의 대상이
되므로 윤리적인 모범을 보여야 하는 안내자이다.

유치원교사는 유치원에서 초등학교 입학 전인 아동들에게
필요한 교육을 담당한다. 교육성과 사회성을 고려하여 전반적인
성장을 도울 수 있도록 각 방면에 맞는 다양한 수업계획을 세워
실행하며 아동의 등·하원상태, 실내 외 자유 활동, 정리정돈 등
전반적인 생활습관들도 지도한다. 또한 아동들이 건강한 생활
습관을 갖추도록 급식과 간식을 신경 쓰며 위생 및 안전한 생활에
대한 지도를 실시한다. 더불어 아동이 공동체 생활에 잘 적응할
수 있도록 단체 생활 활동 및 행사 등을 계획하고 진행하며
이러한 생활의 근간을 만드는 기초 체력을 다지도록 돕기도 한다.
보육교사와 마찬가지로 교육 일지 및 평가서를 작성해야 하며,
아동의 교육을 함께 책임지는 부모들과도 수시로 의견을
나누어야 한다. 때로 부모교육을 통해 아동교육의 질을
개선하기도 한다. 그밖에 입학과 졸업 등 각종 행정 업무들에도
함께 관여한다.
유치원교사의 주요 업무는 다음과 같다.

- 아동교육계획안 작성
- 계획에 따른 수업 실행
- 아동 생활습관 및 체력지도
- 수업결과 평가
- 원내 교육환경 계획
- 교실 환경 구성과 청결유지
- 원내 행사 준비 및 실행
- 공문서 작성과 관리
- 아동 등·하원 지도
- 부모 상담 및 교육

누리과정에 따른 공통 교수 학습방법

　누리과정을 통해 어린이집과 유치원에 다니는 아동들은 공통된 교육과정을 배우게 됐다. 이에 따라 보육교사와 유치원교사 또한 공통된 방식을 따르게 됐다.

　보육·유치원교사가 되려면 아래와 같은 교육지침을 따라야 하며 이것은 보육·유치원교사의 공통 업무이기도 하기에 간단한 내용을 아래에 소개한다.

　성인이 언어를 통해 생활하고 관계를 맺는다면 아동은 놀이를 통해 생활하며 학습하며 생각과 감정을 표현한다. 아동은 놀이 과정을 통해 궁금한 것을 해소하고, 사람들과 관계를 맺는 법을 배우며 그밖에 살아가는 데 필요한 지식이나 기타 생활 태도를 익히게 된다. 또한 놀이를 통해 자기를 표현하고 내적인 충동을 표출함으로써 환경을 익히고 신체를 조절하는 경험을 하게 된다. 더불어 이 과정에서 자아를 형성하고 새롭게 알게 되는 것을 통해 사고를 확장하기도 한다. 그렇기에 놀이교육은 아동교육에 가장 적합한 방식이자 매우 중요한 활동이라고 할 수 있다.

　때문에 보육·유치원교사는 전반적으로 놀이를 중심으로 학습계획을 수립하고 실행하게 되는데 이때 담당 아동의 정서와 신체적인 발달 수준을 고려해서 계획을 세워야 한다. 더불어 아동이 자발적으로 놀이에 이입하면서도 학습내용과 자연스럽게 연결되도록 신경 써야 한다. 교사가 의도한 내용이 놀이 과정을 통해 충실히 수행되고 있는지 살펴야 하며 모든 과정을 마친 뒤에는 교사 스스로 해당 과정을 평가하고 계획을 발전시킬 수 있어야 한다.

　더불어 교육활동은 교사가 주최하여 실행하지만 아동이 해당 교육활동에 흥미를 보이며 자발적으로 참여했을 때에만이 해당 교육활동에 의미가 있다고 할 수 있다. 때문에 보육·유치원교사는 각 아동을 자세히 관찰하여 해당 아동이 무엇을 좋아하고 무엇을 싫어하는지, 성향과 적성이 어떻게

되는지를 파악하고 아동이 흥미 있어 할 만한 교육활동을
준비하고 제시해야 한다. 이 과정에서 필요하다면 도구 등을
활용하기도 한다.

아동은 성인과 달리 생활의 모든 경험이 교육과 연결된다.
아동이 보고 듣고 행동하고 느끼는 모든 것이 아동의 성장과
발달에 영향을 끼치기 때문이다. 따라서 아동의 일상생활에
직·간접적으로 개입하게 되는 보육·유치원교사의 역할은 매우
중요하다고 할 수 있다.

교사는 아동이 행동하고 생활하는 과정에서 구체적이고
자연스럽게 올바른 습득을 할 수 있도록 도와야 한다.

더불어 아동은 해당 시설의 또래 아동 및 교사와 생활의 전반을
함께하게 된다. 이 과정에서 자연스럽게 사회화와 공동체 생활에
대해 배우게 되며, 의사소통을 통해 새로운 것을 알게 되기도
한다. 보육·유치원교사는 이러한 아동의 연령과 사고방식에 맞춰

누리과정 교수 학습 매뉴얼

가. 유아가 놀이를 통해 배우도록 한다.

나. 유아가 흥미와 관심에 따라 놀이에 자유롭게 참여하고 즐기도록 한다.

다. 유아가 다양한 놀이와 활동을 경험할 수 있도록 실내외 환경을 구성
한다.

라. 유아와 교사, 유아와 유아, 유아와 환경 간에 능동적인 상호작용이
이루어지도록 한다.

마. 5개 영역의 내용이 통합적으로 유아의 경험과 연계되도록 한다.

바. 개별 유아의 요구에 따라 휴식과 일상생활이 원활히 이루어지도록
한다.

사. 유아의 연령, 발달, 장애, 배경 등을 고려하여 개별 특성에 적합한 방
식으로 배우도록 한다.

타인을 대하는 법을 익히고 원활한 소통과 상호 작용을 할 수
있도록 도와야 한다.

　특히 아동의 나이가 어릴수록 엄마와 떨어지는 상황에 대해
불안 증세를 보이기도 하는데 이때도 유동적으로 대처하여
아동이 자연스럽게 분리 상태를 받아들이고 불안을 덜 수 있도록
신경 써야 한다.

　보육·유치원교사는 실내뿐 아니라 실외에서도 아동과 각종
활동을 함께하게 된다. 아동 뿐 아니라 성인도 실외에서 몸을
움직이며 자유롭게 에너지를 발산해야 건강한 심신을 키울 수
있기 때문이다. 따라서 보육·유치원교사는 이 두 형태의 활동이
어느 한 쪽으로 치우치지 않도록 균형 있게 분배해야 한다.
더불어 시설 및 날씨 문제로 실외 활동이 어렵게 되었을 경우에는
실내에서라도 움직일 수 있도록 활동계획을 짜고, 일정 시간 동안
실외 활동을 한 후 충분한 휴식시간을 제공하도록 고려해야 한다.

　또한 특수아동 등 상황에 따라 별도의 지도방식이 필요한
아동을 담당한 경우에는 해당 아동의 특성을 고려하여 알맞은
지원과 지도를 할 수 있어야 한다. 이때는 특수 교육 분야에 대한
전문 지식을 갖춰야 하며, 때에 따라 해당 분야의 전문가의
도움을 받아 아동이 올바르게 성장할 수 있도록 최선을 다해야
한다.

〈만 2세 미만〉

만 2세 미만은 신체와 정서가 발달하는데 매우 중요한
시기이다. 그러나 지나친 자극은 아동에게 해가 될 수 있기에
발달 수준을 고려하여 최소한의 내용을 학습시켜야 한다. 또한 막
젖을 떼는 시기이기에 부모와 교사 간의 원활한 의사소통이
중요하다. 이 시기에 보육·유치원교사가 아동에게 실시하는
교육과 할 일은 보편적으로 다음과 같다.

- 우유병 떼기 훈련
- 배변 훈련
- 아동 관찰

이 시기의 아동은 상대적으로 연령이 높은 아동에 비해 의사
표현능력이 부족할 수 있기에 특정 사건이 있거나 행동을 할
때마다 기록을 하는 방식으로 아동을 관찰하는 것이 좋다. 더불어
아동의 행동에 대해 교사가 어떻게 대처했는지도 함께
기록함으로써 교사 본인의 감정 상태와 평정심 유지를 함께
점검해야 한다.

〈만 2세〉

만 2세의 아동은 자아가 막 형성되는 시기이므로 아동의 자아
존중감에 무엇보다 신경 써야 한다. 더불어 보호자의 도움 없이
스스로 행동하는 방법을 익힐 수 있도록 다양한 활동을 계획해야
한다. 또한 이때의 아동은 움직임이 활발해지기 시작하므로 해당
시설이 아동에게 위해를 끼치지 않도록 특별히 신경 써야 한다.

- 자력 활동 보조
- 발달 과정상황 체크

- 향후 보육방법 계획
- 아동 관찰

〈만 3~5세〉

　만 3~5세의 아동에서부터 놀이교육이 활발해지기 시작한다. 아동이 놀이를 통해 자발적이고 유쾌하게 신체활동과 교육활동을 즐길 수 있도록 다양한 프로그램을 계획해야 한다. 그림 그리기, 노래 부르기, 율동하기 등 기본적인 놀이 활동에서부터 체육 활동, 단체 놀이 등 사회성을 기를 수 있는 놀이까지 계획적으로 구상할 필요가 있다.

- 놀이 활동
- 학습 활동
- 생활 습관 형성
- 건강 증진활동

〈건강과 안전 관리〉

보육·유치원교사는 부모와 더불어 유아의 건강과 안전을
도모하는 데 일정 정도 책임이 있다. 따라서 유치원교사들은
사명감을 가지고 유아들의 생명과 안전에 최선을 다해야 한다.

- 영·유아의 건강 상태와 질병 유무 파악
- 교통안전 교육
- 놀이 기구 사용 안전교육
- 실내 생활 안전 교육

이와 같은 안전교육을 진행할 때엔 유아들에게 관계되는
장면을 하나씩 보여주며 안전에 대한 개념과 규칙을 알려주는
것이 좋다. 유아기는 사물에 대한 지각과 운동 기능이 성인과는
매우 다르고 성인이 하는 행동을 그대로 모방하려는 습성이
강하다. 예를 들어, 부모가 교통법규를 지키지 않거나 무단횡단을
하는 걸 본 유아는 그대로 따라할 위험이 있다. 그러므로
보육·유치원교사는 영·유아와 횡단보도를 건널 때 어떻게 해야
하는지 구체적으로 알려줘야 한다. 예를 들면 신호등에 파란불이
켜졌다고 바로 뛰어 나가지 말고, 차가 오는지 좌우를 살핀 후에
다른 사람들이 건널 때 함께 건너야 한다는 식으로 상세하게
말해줘야 한다.

〈정서 안정〉

보육·유치원교사는 교육적 차원에서 영·유아의 지각적인
부분을 계발하고 관리하는 것과 함께 감정과 정서적인 부분의
안정도 함께 신경 써야 한다. 특히 정서의 경우 향후 아동의 성격
형성과 밀접한 연관이 있으므로 특히 신경 써야 한다.

▲ 교통안전 교육 및 놀이 모습

- 아동과 충분한 대화 나누기
- 아동의 가정환경 관찰
- 아동의 상황과 증세 관찰
- 충분한 사랑과 애정 제공

　이 시기 아동들은 부모와 떨어지게 되면서 정서 불안 증상을 많이 겪는다. 정서불안은 아동이 부모의 사랑이 부족하다고 여기거나 아동의 욕구가 좌절될 때 특히 심화된다. 보육·유치원교사는 아동이 이러한 불안 증상에서 해소, 완화될 수 있도록 도와야 한다.

〈사회성 지도 및 표현 지도〉

　보육··유치원교사는 아동이 타인과 잘 어울리며 원활한
사회성을 갖출 수 있도록 지도해야 한다. 특히 유아기는 언어를
습득하는 시기이기에 말하기나 듣기에서 바른 태도를
형성하도록 각별히 신경 써야 한다. 언어교육의 경우 타인을
따라해 보거나 스스로 자신의 생각을 말해 보는 연습을 통해 표현
능력이 길러진다.

- 단체 활동
- 친구의 이야기를 듣고 그대로 옮겨 말하게 하기
- 집에서 있었던 일 말하게 하기
- 보육시설에서 있었던 일 말하게 하기

　이러한 사회성 교육은 놀이교육 및 표현교육 등 여타
교육활동과 연관되어 있다. 때문에 다른 교육활동에 사회성
교육이 자연스럽게 녹아들 수 있도록 지도해야 한다. 놀이, 노래,
그림, 동작, 만들기, 꾸미기 등의 표현 활동은 언어 기능의 발달에
도움이 될 뿐만 아니라 유아들의 창의력 계발의 싹도 틔워 주는
역할도 한다.
　또한 일부 사회성을 제대로 익히지 못한 아동의 경우 혼자
고립되어 타인과 대화나 소통을 단절하는 비사회적 인성을
형성하거나, 끊임없이 타인을 괴롭히는 반사회적 태도를 보이는
경우가 있다. 보육··유치원교사는 이런 특별한 경우에 대해서도

예의 아동을 주시하여 증상을 살피고 증세를 완화시키도록 신경
써야 한다.

〈생활습관 지도〉

유아기는 생활 습관의 기초를 다지는 시기이다. 아동은 이때
익히고 습관화된 행동과 성향을 향후 삶에서 유지하고 지속하게
된다. 때문에 보육·유치원교사는 아동이 올바른 습관을 만들 수
있도록 지도할 필요가 있다.

- ■ 잘못된 습관 교정
  - 책이나 TV를 지나치게 가까이 보는 경우
  - 편식
  - 손이나 몸 등을 지나치게 씻지 않는 경우

- ■ 올바른 습관 학습
  - 어른에게 인사하기
  - 공공장소에서 조용히 하기
  - 남에게 폐를 끼치지 않기

이와 같은 습관 교육은 추후 아동이 초등학교에 입학했을 때뿐
아니라 성인이 되어서 원만한 사회생활과 인간관계를 맺을 수
있는 바탕이 되어 준다. 따라서 보육·유치원 교사는 아동이

기본적인 생활습관을 잘 기를 수 있도록 신경 써야 한다.

〈사회 현상과 자연 현상 관찰 및 체험〉

유아기는 주위 사물과 자연에 호기심이 많을 때이다. 때문에
주위 동물을 직접 관찰하고 만져보게 하거나, 식물 등을 직접
키워보게 하는 것이 때로 문자로 된 교육보다 더 좋은 효과를
발휘하기도 한다. 때문에 보육·유치원교사는 아동에게 각종
자연이나 사회 현상 등을 직접 체험하고 겪어 보도록 유도할
필요가 있다.

- 토마토 키워서 열매 맺기
- 감자나 고구마 재배
- 동물원 등 방문
- 동물 접촉
- 물고기 키우기
- 라디오나 시계 등 간단한 기계 분해
- 간단한 조립

이와 같은 교육은 아동이 사회, 자연 현상을 체험할 수 있는
기회임과 동시에 아동의 숨겨진 역량이나 성향 등을 발견할 수
있는 계기가 되기도 한다. 유아기 때의 다양한 경험들은 때로
아동이 품고 있는 재능이나 특성 등을 발현할 수 있는 좋은
촉매제가 된다. 따라서 보육·유치원교사는 아동이 사물과 상황을
직접 보고, 듣고 만지는 경험을 되도록 많이 할 수 있도록 신경
써야 한다.

〈창의력 계발〉

창의력은 때로 지적 호기심에서 발현되기도 한다. 그러나 지적 호기심을 키우려면 문자를 이용한 교육보다는 아동의 직접적인 체험과 접촉을 위주로 한 교육이 진행될 필요가 있다.

- 입체 도형 모형 만져보기
- 다양한 도형 분류
- 도형의 공통점과 차이점 구분
- 도형 모형 쌓아보기
- 숨은 그림 찾아보기
- 생각한 것 그림으로 그려보기

아동의 창의력은 때로 스스로 생각하고, 일을 처리하는 과정을 통해 창의력이 계발되기도 한다. 때문에 유아가 스스로 무엇인가를 해결하도록 돕는 자세가 중요하며, 그것을 해냈을 때에는 크게 칭찬을 해줄 필요가 있다. 이런 과정을 통해 유아는 더욱 새로운 것을 생각하거나 혼자 힘으로 해결하려는 시도를 반복하게 된다. 그리고 유아가 문제를 원활하기 해결하지 못할 때 교사나 부모가 그것을 거들어주기보다는 스스로의 힘으로 생각하고 문제를 해결할 수 있도록 끊임없는 격려와 칭찬으로 자극을 주는 편이 좋다.

02 어린이집과 유치원은 어떻게 다를까?

어린이집과 유치원은 소속 및 주무부처가 다르다. 어린이집은
보건복지부 소속이고, 유치원은 교육부 소속으로 각 시, 도, 구
군청 등에서 업무를 관할한다.

※ 「영 · 유아보육법 시행규칙」 제23조 별표 8에 의거하여 어린이집은
"어린이집"이라는 명칭 외에 다른 기관으로 오인할 수 있는 별도의 명칭을
사용하거나 표기해서는 안 된다. 또한 동일한 시, 군, 구에서 동일한 명칭을
사용해서도 안 된다.

어린이집은 만0세~5세 영·유아를 담당한다. 필요한 경우 만
12세까지 연장하여 보육하기도 한다. 유치원은 만3세~5세
유아를 담당한다.

〈목적〉

초기 어린이집의 목적은 자녀를 양육할 시간이나 기회가
부족한 부모를 대신하여 아동을 보육하는 업무와 간단한 교육을
진행하는 것이 목적이었다. 그러나 최근에는 어린이집과
유치원의 업무가 일부 상이해짐에 따라 아동의 보육과 교육을
병행하게 됐다.

유치원은 초등학교 입학 전 아동의 보육 및 교육을 목적으로
설립되었으나 최근에는 어린이집과 업무가 일부 상이해짐에
따라 마찬가지로 아동의 교육과 보육을 병행하게 됐다.

〈교육과정〉

2013년부터 누리과정이 도입됨에 따라 두 시설 모두 공통된
교육과정을 적용하고 있다.

〈입소방법〉

어린이집은 보육 포털 서비스를 통해 어린이집 입소 대기를
신청한 뒤 입소한다.

유치원은 입학 일정에 맞춰 아동을 등록하거나, 공개 추첨을
통해 선발된다.

〈담당 교직원〉

어린이집은 원장과 보육교사로 이루어져 있다. 보육교사는
보육교사 1~3급 자격이 있어야 한다.

유치원은 원장, 원감, 수석교사, 일반 교사로 이루어져 있다.
규모에 따라 원장과 교사만으로 구성되기도 한다. 일반 교사는
유치원 정교사 1~2급 자격이 있어야 한다. 국·공립 유치원의
경우 유치원 임용고시를 통해 등록된 교사들로 이루어져 있다.

▲ 동화구현 활동 모습

〈어린이집 담당 교사 비율(교사 대비 아동 비율)〉

만 1세 미만	만 2세 미만	만 3세 미만	만 4~5세 미만	장애 아동
1 : 3	1 : 5	1 : 7	1 : 20	1 : 3

〈유치원 담당 교사 비율(교사 대비 아동 비율)〉

만 3세	만 4세	만 5세	혼합 연령	종일반
1 : 22	1 : 27	1 : 30	1 : 26	1 : 23

〈어린이집 시설 유형〉

■ 국·공립 어린이집 : 국가나 지방자치단체가 직접 운영하거나
   법인·단체 또는 개인에게 위탁 운영하여 운영하는 어린이집이다.
   전반적인 계획을 수립하여 도시저소득주민 밀집주거지역 및
   농어촌지역 등 취약지역에 우선적으로 설치됐다.

■ 법인 어린이집 : 국·공립어린이집, 사회복지법인어린이집,
   가정어린이집, 부모협동어린이집, 직장어린이집 등에
   해당하지 않는 비영리단체나 비영리법인, 또는 개인이
   설치·운영하는 어린이집이다.

■ 직장 어린이집 : 사업장에서 직원의 업무효율 향상 및 복지를
   목적으로 설치하여 운영하는 어린이집이다. 사내 상시
   근무하는 여성 근로자의 수가 300명 이상이거나, 혹은
   근로자가 500명 이상인 사업장은 직장 어린이집을 운영할 수
   있다. 이때 별도로 어린이집을 설치하기도 하고 지역
   어린이집과 위탁 계약을 체결할 수도 있다. 위탁 계약 체결 시
   사업주는 운영 및 보육에 필요한 비용 중 절반 정도를
   보조하게 된다.

■ 가정 어린이집 : 개인 주택이나 아파트 등 일반 가정에서
   설치하는 어린이집으로 5명 이상 20인 이하를 수용할 수 있다.
   어린이집 설립에 필요한 설치 기준과 자격 요건을 갖춘 뒤
   해당 시, 군, 구청장의 인가를 받아야 한다.

■ 협동 어린이집 : 11명 이상의 보호자가 조합을 결성하여 직접
   설치하고 운영하는 어린이집이다. 타 어린이집과 운영 등은
   동일하다.

■ 민간 어린이집 : 국·공립어린이집, 사회복지법인어린이집,
  법인·단체 어린이집, 가정어린이집, 부모협동어린이집,
  직장어린이집에 해당하지 않는 일반 어린이집이다. 개인이
  직접 설치하고 운영하거나 비영리 단체 및 비영리 법인이
  설치하여 운영할 수 있다. 수용할 수 있는 영·유아의 수는
  21명 이상 300명 이하이다.

〈유치원 시설 유형〉

■ 국립유치원 : 국가에서 직접 설립하고 경영하는 유치원이다.
  대부분 국립대학에 병설된 유치원이 많다.

■ 공립유치원 : 지방자치단체에서 설립하고 경영하는
  유치원이다. 설립주체에 따라 시립유치원과 도립유치원으로
  구분한다. 또한 설립 내용에 따라 단독 설립된 단설 유치원과
  초등학교 등에 함께 설립된 병설 유치원으로 구분하기도 한다.

  병설 유치원의 경우 해당 초등학교 교장이 유치원 원장을
  겸임하기도 하며 방학 등 일부 일정이 초등학교와 동일하게
  운영된다. 사립유치원에 비해 학비가 저렴하지만 일부 시설은
  통학 차량이 운행되지 않는다는 단점이 있다. 단설 유치원의
  경우는 건물을 단독으로 사용하게 된다.

■ 사립유치원 : 개인이나 법인 단체가 운영하는 유치원이다.
  기본적으로 진행되는 누리교육과정 외에 원장의 재량에 따라
  다양한 교육 프로그램을 운영하기도 하며, 영어나 체육 등에
  특화된 특기 적성 교육을 진행하기도 한다.

■「영·유아보육법」제10조, 제15조

제10조(어린이집의 종류)

어린이집의 종류는 다음 각 호와 같다.

1. 국·공립어린이집 : 국가나 지방자치단체가 설치·운영하는 어린이집

2. 사회복지법인어린이집 :「사회복지사업법」에 따른 사회복지법인(이하 "사회복지법인"이라 한다)이 설치·운영하는 어린이집

3. 법인·단체등어린이집: 각종 법인(사회복지법인을 제외한 비영리법인)이나 단체 등이 설치·운영하는 어린이집으로서 대통령령으로 정하는 어린이집

4. 직장어린이집 : 사업주가 사업장의 근로자를 위하여 설치·운영하는 어린이집(국가나 지방자치단체의 장이 공무원이 아닌 자를 위하여 설치·운영하는 어린이집을 포함한다)

5. 가정어린이집 : 개인이 가정이나 그에 준하는 곳에 설치·운영하는 어린이집

6. 협동어린이집 : 보호자 또는 보호자와 보육교직원이 조합을 결성하여 설치·운영하는 어린이집

7. 민간어린이집 : 제1호부터 제6호까지의 규정에 해당하지 아니하는 어린이집

제15조(어린이집 설치기준)

어린이집을 설치·운영하려는 자는 보건복지부령으로 정하는 설치기준을 갖추어야 한다. 다만, 놀이터 설치와 비상재해대비시설과 관련된 사항은 각각 제15조의2부터 제15조의4 까지에 따른다.

■「유아교육법」제7조, 제8조

제7조(유치원의 구분)

유치원은 다음 각호와 같이 구분한다.

1. 국립유치원 : 국가가 설립 · 경영하는 유치원

2. 공립유치원 : 지방자치단체가 설립 · 경영하는 유치원(설립주체에 따라 시립유치원과 도립유치원으로 구분할 수 있다)

3. 사립유치원 : 법인 또는 사인(私人)이 설립 · 경영하는 유치원

제8조(유치원의 설립 등)

① 유치원을 설립하려는 자는 시설 · 설비 등 대통령령으로 정하는 설립기준을 갖추어야 한다.

② 사립유치원을 설립하려는 자는 교육감의 인가를 받아야 한다.

③ 교육감은 제2항에 따른 인가 신청이 있는 경우에는 다음 각 호의 어느 하나에 해당하는 경우를 제외하고는 유치원 설립을 인가하여야 한다.

 1. 제1항에 따른 시설 · 설비 등 설립기준을 갖추지 아니한 경우

 2. 교육감이 대통령령으로 정하는 바에 따라 수립하는 유아수용계획에 적합하지 아니한 경우

 3. 그 밖에 이 법 또는 다른 법령에 따른 제한에 위반되는 경우

④ 사립유치원을 설립 · 경영하는 자가 유치원을 폐쇄하려는 경우나 대통령령으로 정하는 중요사항을 변경하려는 경우에는 교육감의 인가를 받아야 한다.

〈어린이집 운영〉

어린이집은 평균적으로 주 6일 이상, 1일 12시간 이상 운영된다. 보통은 오전 7시 30분에서 오후 7시 30분까지 운영되며, 시설 사정에 따라 운영일 및 운영 시간을 연장하기도 한다. 이때 운영시간 조정은 보호자나 영·유아에게 불편이 없어야 하며, 사전에 영·유아의 보호자에게 동의를 받아야 조정할 수 있다. 주말의 경우는 7시 30분에서 3시 30분까지 운영한다.

정책에 따라 지정된 어린이집의 경우 야간이나 휴일에도 시간제로 운영된다. 그밖에 365일 열린 어린이집 등이 예약제로 운영되기도 한다.

〈유치원 운영〉

유치원은 반 구분이 어린이집에 비해 비교적 명확한 편이다. 오전 9시에서 12시까지 운영되는 반일반, 8시간 이상 아동을 보육, 교육하는 종일반이 있으며 그 외 3시간이나 5시간 연장하여 운영되는 연장반이 있다.

〈어린이집 교육비용〉

입소 아동의 연령에 따라 금액이 다른 경우가 많다. 아동의 나이가 어릴수록 금액이 상승한다. 만 0세에서 2세 아동은 평균 30~35만 원 정도이며, 만 3세~5세 아동은 평균 25만 원 정도이다. 그러나 이 기준은 시설 및 정책에 따라 유동적으로 변경되는 편이다.

〈유치원 교육비용〉

유치원 교육비 자율화 정책이 시행되며 각 시, 도마다 금액이 다르다. 국·공립 유치원은 서울시를 기준으로 평균 3만 원 정도이며, 사립 유치원은 평균 30~35만 원 정도이다. 별도의 입학금이 있다.

※ 각 시설의 관할 부서에 따른 교육비 지원 정책 및 누리교육과정에 따른 교육비 지원 정책 등을 통해 아동 학비가 지원되는 경우가 많다.

유치원의 운영

■ 「유아교육법 시행령」 제22조

제22조의3(국립·공립 유치원에 두는 운영위원회의 구성)

① 법 제19조의3에 따른 유치원운영위원회(이하 "운영위원회"라 한다) 중 국립·공립 유치원에 두는 운영위원회 위원의 정수는 다음 각 호의 구분에 따른 범위에서 유치원의 규모 등을 고려하여 해당 유치원의 운영위원회규정(이하 "운영위원회규정"이라 한다)으로 정한다.

　1. 유아 수가 100명 미만인 유치원: 5명 이상 8명 이하

　2. 유아 수가 100명 이상인 유치원: 9명 이상 11명 이하

② 국립·공립 유치원에 두는 운영위원회 위원의 구성비율은 다음 각 호의 구분에 따른 범위에서 운영위원회규정으로 정한다.

　1. 학부모위원(해당 유치원의 학부모를 대표하는 사람을 말한다. 이하 같다): 100분의 60 이상 100분의 70 이하

　2. 교원위원(해당 유치원의 교원을 대표하는 사람을 말한다. 이하 같다): 100분의 30 이상 100분의 40 이하

③ 제2항에도 불구하고 유아 수가 20명 미만인 국립·공립 유치원에 두는 운영위원회 위원의 구성비율은 국립유치원의 경우에는 유치원규칙으로 다르게 정할 수 있으며, 공립유치원의 경우에는 시·도의 조례로 정하는 범위에서 운영위원회규정으로 다르게 정할 수 있다. 다만, 유치원규칙 또는 운영위원회규정으로 다르게 정하는 경우에도 학부모위원 및 교원위원은 각각 1명 이상 포함되어야 한다.

보육교사의 근무환경

보육교사는 주로 국·공립보육시설, 법인보육시설 및 민간보육시설, 직장보육시설, 가정보육시설, 협동보육시설 등 어린이집과 놀이방 같은 보육시설에 취업을 할 수 있으며 이러한 시설 내용에 따라 근무환경이 조금씩 달라진다.

또한 보육교사 2급 자격을 취득한 후 2년의 보육업무경력이 있으면 보육정원 20인 미만의 가정보육시설을 운영할 수 있다. 보육교사 1급 자격을 취득한 후 2년의 보육 및 아동복지업무경력을 갖추면 보육정원 300인 미만의 일반보육시설을 운영할 수 있다.

현재 보육교사로 활동하고 있는 사람은 약 273,000명이다. 성비는 여자가 98.6%, 남자가 1.4%이며, 평균 연령은 35.2세 이다. 전체적으로 평균 14.4년의 학력을 보유하고 있으며, 평균 연속 근로연수는 2.9년이다. 평균 연봉은 2,900만 원 정도이다.

유치원교사의 근무환경

　유치원교사는 국·공립유치원과 사립 유치원에서 근무할 수
있다. 그러나 국·공립 유치원에 근무하기 위해서는 유치원
정교사 2급 자격증 소지하고, 각 시·도에서 실시하는
교원임용시험에 합격해야 한다. 또한 국·공립 초등학교 내의
병설유치원에 근무할 경우 근무연수에 따라 호봉이 올라간다.
사립 유치원이나 어린이집에서 근무하는 유치원교사는 유치원
정교사 2급 자격증만 가지고 있으면 임용시험을 보지 않아도
취업할 수 있다.

　유치원 원장 자격을 취득한 후 재정적인 여건이 된다면
유치원이나 영·유아시설을 직접 설립할 수도 있다.

　현재 유치원교사로 활동하고 있는 사람은 53,457명 이다.
성비는 여자가 98.3%, 남자가 1.7%이며, 평균 연령은 29.8세
이다. 평균 학력은 14.9년이며, 평균 연속 근로연수는 3.5년이다.
평균 연봉은 3,000만원 정도이다.

　유치원교사의 근무시간 및 근무내용은 교육공무원법에 따라
정해지며, 일부 내용은 보육유치원교사 근속과 상이하므로
이곳에 기재하지 않는다.

기간제 교사 및 강사

유치원 교육과정 운영에 필요하다고 여겨질 경우 유아교육법에 따라 지
정된 교원 외에 강사나 기간제 교사 혹은 명예교사 등을 두어 유아교육
을 보조하게 할 수 있다. 국립 및 공립 유치원의 경우는 국립 · 공립 유치
원은 「교육공무원법」 제10조의3제1항 및 제10조의4를, 사립유치원은
「사립학교법」 제54조의3제4항 및 제5항에 따라 해당 교사를 준용한다.
또한 이에 따라 유치원에 두는 강사 등의 종류 · 자격기준 및 임용 등에
필요한 사항은 대통령령으로 정해진다.

국·공립을 제외한 유치원 및 보육시설의 경우 매년 수가 증가하고 있으며, 이러한 시설을 이용하는 아동의 수도 매년 증가하고 있다. 이는 급속한 경제 성장으로 여성의 경제활동 참가율이 증가하면서 가정 내 양육보다는 보육 시설을 이용하여 자녀를 보육·교육하는 추세가 보편화되고 있기 때문이다. 때문에 보육 시설을 이용하는 아동의 수는 점차 증가할 것으로 예측되며 이에 따라 보육교사 및 유치원교사에 대한 수요도 급증할 것으로 전망된다.

그러나 아이를 돌보는 업무 특성상 아이를 육체적, 정신적 스트레스를 받는 경우가 종종 있으며 이에 따라 두 직업 모두 연속 근로일수가 타 직업에 비해 짧은 편이다.

보육교사의 근무시간

보육교사의 근무시간은 1일 8시간이 원칙이다. 그러나 어린이집의 운영시간(07:30 ~ 19:30)을 고려하여 출퇴근 시간은 탄력적으로 조정할 수 있다. 1일 8시간을 초과하여 근무하는 경우에는 어린이집을 운영하는 자가 해당 교사에게 초과근무 수당을 지급해야 한다.

※ 근로자의 날(5월 1일)은 보육에 지장을 주지 않는 범위에서 교사배치를 조정하여 근무하며, 근로자의 날 근무자에 대하여 「근로기준법」에 따라 휴일근로수당을 지급해야 한다.

어린이집의 원장과 대표자의 차이

어린이집의 대표자는 어린이집을 설립해서 운영하는 사람을 의미한다. 때문에 어린이집의 원장과 어린이집 대표자는 의미가 다르다. 어린이집 대표자가 어린이집 운영에 직접적으로 관여할 수 있는 권한이 있는 것은 아니다.

영어유치원과 놀이학교

주위에서 영어유치원이나 놀이학교 같은 보육시설을 보았던 기억이 있을 것이다. 이러한 시설들은 명칭은 유치원이지만 정확히는 학원으로 등록되어 운영되는 시설이다. 이와 같은 시설들은 동일하게 유아교육법을 따르기는 하나 학교로서 규제를 받는 것이 아니라 학원 시설로서 규제를 받는다.

학원은 개인이 10명 이상의 학습자나 불특정 다수의 학습자에게 교습과정에 따른 지식이나 기술, 기능 및 예능을 교습하거나 학습장소로 제공되는 시설을 말한다. 이때 교습과정 및 교습기간은 30일 이상이어야 한다.

학원의 종류는 다음과 같으며 이것은「학원의 설립 · 운영 및 과외교습에 관한 법률」제2조의2 제1항에 따른다.

■ 학교교과교습학원 :「초 · 중등교육법」제23조에 따른 학교교육과정을 교습하거나 다음의 어느 하나에 해당하는 사람을 대상으로 교습하는 학원

　- 유아교육법」제2조제1호에 따른 유아

　- 장애인 등에 대한 특수교육법」제15조제1항에 따른 장애가 있는 사람

　- 초 · 중등교육법」제2조에 따른 학교의 학생(직업교육을 목적으로 하는 직업기술 분야의 학원에서 취업을 위하여 학습하는 경우는 제외함)

■ 평생직업교육학원 : 학교교과교습학원 외에 평생교육이나 직업교육을 목적으로 하는 학원

다음의 시설들은 학원에서 제외된다.

- 「유아교육법」, 「초 · 중등교육법」, 「고등교육법」, 그 밖의 법령에 따른 학교

- 도서관 · 박물관 및 과학관

- 사업장 등의 시설로서 소속 직원의 연수를 위한 시설

- 「평생교육법」에 따라 인가 · 등록 · 신고 또는 보고된 평생교육시설

pig

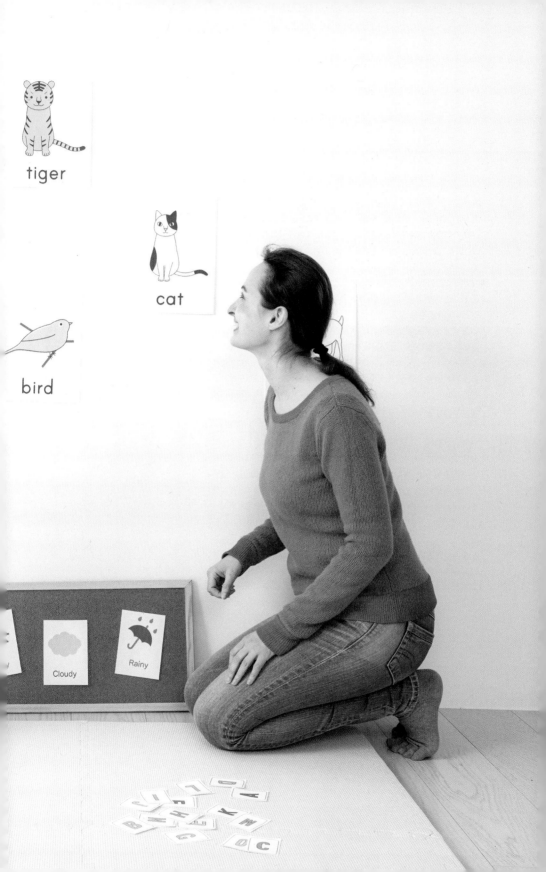

tiger

cat

bird

Cloudy

Rainy

어린이집과 유치원, 보육교사와 유치원교사

어린이집은 유치원과 달리 보건복지부 소속으로 시군구청의 관리감독을 받는 유아교육기관이다. 어린이집의 보육교사로 일하기 위해선 보육교사 자격증을 취득해야만 한다. 어린이집은 설립 주체에 따라 국·공립어린이집, 법인어린이집, 가정어린이집, 직장보육시설로 나뉜다.

때문에 어린이집은 나이가 어리거나 발달이 느려서 교육보다는 보살핌이 필요한 유아들에게 적합한 유아교육기관이라 할 수 있다. 지금은 누리교육과정을 통해 공통 교육과정이 적용되고 있지만 아직까지도 아이의 교육에 중점을 두는 경우에는 유치원을, 교육보다는 보육과 보살핌에 중점을 두고 싶다면 어린이집을 선택하는 편이다.

반면 유치원은 교육부 소속으로 시도교육청의 관리감독을 받는 유아교육기관이다. 유치원 선생님이 되려면 유아교육과를 졸업하고, 유치원 정교사 2급 자격증을 소지해야 한다.

유치원을 설립한 주체에 따라 병설유치원과 사립유치원으로 나뉜다. 병설유치원은 교육부에서 직접 설립한 곳으로 야외수업이 많고 학비가 사립 유치원에 비해 대체로 저렴하다. 그리고 병설유치원의 선생님은 임용고사를 합격한 교육공무원으로 교육의 질적 수준이 높은 편이다. 단점은 유아들의 등하교를 도와줄 통학버스가 없다는 것과 저렴한 유치원비와 믿을 수 있는 교육 때문에 경쟁률이 무척 높다는 점이다.

사립유치원은 민간단체 및 개인이 설립한 곳으로, 병설유치원에 비해 유치원만의 특화된 교육을 실시하는 경우가 많다. 체육, 음악, 영어 등 각유치원마다 유아의 재능과 특성에 맞게 중점적으로 교육시키는 분야가 다양하다. 따라서 유아들의 재능을 발견하여 재능을 살리는 교육을 받을수 있다는 것은 큰 장점이지만, 학비가 비싸다는 단점이 있다.

설립 주체에 따라 교육방침과 목표, 방법이 크게 달라지므로 각 시설의 방침이나 방법이 아이의 특성과 잘 맞는지 고려해야 한다.

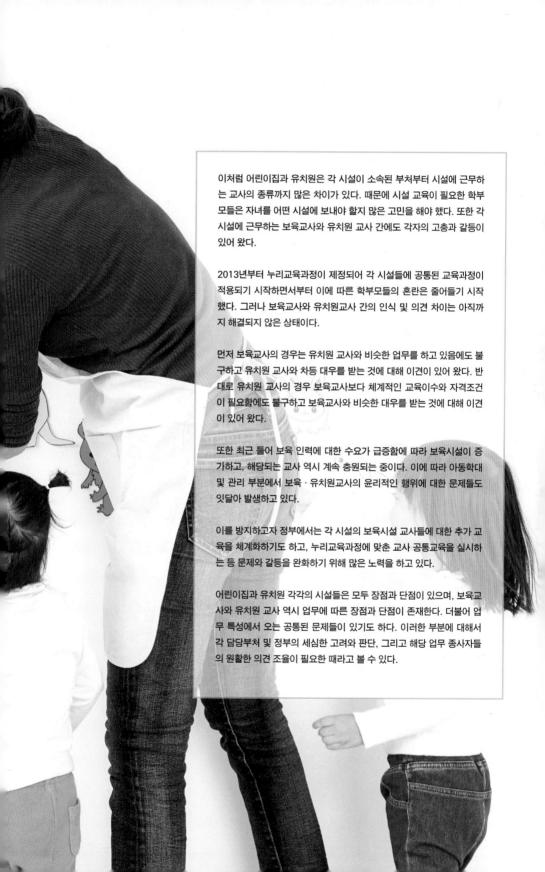

이처럼 어린이집과 유치원은 각 시설이 소속된 부처부터 시설에 근무하는 교사의 종류까지 많은 차이가 있다. 때문에 시설 교육이 필요한 학부모들은 자녀를 어떤 시설에 보내야 할지 많은 고민을 해야 했다. 또한 각 시설에 근무하는 보육교사와 유치원 교사 간에도 각자의 고충과 갈등이 있어 왔다.

2013년부터 누리교육과정이 제정되어 각 시설들에 공통된 교육과정이 적용되기 시작하면서부터 이에 따른 학부모들의 혼란은 줄어들기 시작했다. 그러나 보육교사와 유치원교사 간의 인식 및 의견 차이는 아직까지 해결되지 않은 상태이다.

먼저 보육교사의 경우는 유치원 교사와 비슷한 업무를 하고 있음에도 불구하고 유치원 교사와 차등 대우를 받는 것에 대해 이견이 있어 왔다. 반대로 유치원 교사의 경우 보육교사보다 체계적인 교육이수와 자격조건이 필요함에도 불구하고 보육교사와 비슷한 대우를 받는 것에 대해 이견이 있어 왔다.

또한 최근 들어 보육 인력에 대한 수요가 급증함에 따라 보육시설이 증가하고, 해당되는 교사 역시 계속 충원되는 중이다. 이에 따라 아동학대 및 관리 부분에서 보육 · 유치원교사의 윤리적인 행위에 대한 문제들도 잇달아 발생하고 있다.

이를 방지하고자 정부에서는 각 시설의 보육시설 교사들에 대한 추가 교육을 체계화하기도 하고, 누리교육과정에 맞춘 교사 공통교육을 실시하는 등 문제와 갈등을 완화하기 위해 많은 노력을 하고 있다.

어린이집과 유치원 각각의 시설들은 모두 장점과 단점이 있으며, 보육교사와 유치원 교사 역시 업무에 따른 장점과 단점이 존재한다. 더불어 업무 특성에서 오는 공통된 문제들이 있기도 하다. 이러한 부분에 대해서 각 담당부처 및 정부의 세심한 고려와 판단, 그리고 해당 업무 종사자들의 원활한 의견 조율이 필요한 때라고 볼 수 있다.

Part Three

Get a Job

ⓒ아란유치원

    보육교사와 유치원교사는 아동을 보육·교육하는 업무를
담당한다는 점에서 유사성이 많다. 때문에 해당 직업에 대한 적성
여부에서도 일부 중복되는 내용이 있기에 두 교사의 적성 및
자질을 통합하여 기재한다.

    보육·유치원교사는 아동을 돌보며 교육한다는 점에서
직업적인 전문성도 물론 중요하지만, 아동의 인성에 영향을 끼칠
수 있는 교사 개인의 적성과 자질 또한 중요하다.

〈지식 전문성〉

아동을 교육하는 업무를 담당하는 만큼 아동교육 및 관련
이론에 대해 전문적인 지식이 있어야 한다. 심리학 중 아동기를
다루는 발달심리학 등 관련 학문을 통해 아동의 신체, 감각, 언어,
사회성, 자아 등 각종 발달내용을 판단하고 알맞은 방향으로
아동을 교육해야 하기 때문이다.

아동교육은 지식교육보다는 전인교육 쪽에 더욱 비중을 두고
있다. 그렇기에 관련 학문에 대한 지식정보를 통해 이론 및
상황에 맞는 탐구를 계속해야 한다. 또한 각 아동의 연령 및
상황에 따른 전반적인 교육과정 및 행정상황 등을 인지하고
이해하여 해당 내용에 알맞게 아동을 지도해야 한다.

〈자발성과 체계성〉

아동교육 프로그램은 공인된 아동교육 내용뿐 아니라 해당
시설 및 교사의 교육철학에 따라 새롭고 다양한 것들이 만들어질
수 있다. 이러한 교육 프로그램을 충실히 수행하며 때에 따라
해당 교사의 교육 철학에 맞춰 해당 아동들에게 알맞은
프로그램을 계획하고 실천할 능력이 필요하다.

〈사회성〉

보육·유치원교사는 기본적으로 아동들을 교육하는 업무를
하지만, 담당 아동뿐 아니라 아동의 부모들과도 얼굴을 맞대게
된다. 때문에 기본적인 소통 능력 및 사회성이 요구된다. 더불어
아동과 직접적으로 연결된 관계이니만큼 충분한 교류를 통해
서로의 교육철학을 공유하고 의견을 나누어 아동의 교육방향을
조율해야 한다.

〈인내심과 관용〉

　발달기 아동의 정서는 향후 아동의 인격을 형성하는데 매우
중요한 영향을 끼친다. 때문에 교사는 아동이 정서적으로 안정될
수 있도록 충분한 인내로 아동을 대해야 한다. 아동은 성인에
비해 사회성 등이 부족하기에 이상 행동을 하거나 예측하지
못하는 행동 변화를 보일 수 있다. 보육·유치원교사는 이러한
상황에 유동적으로 대처하여 아이가 안정된 정서를 갖출 수
있도록 도와야 한다. 더불어 사회 규칙이나 윤리성에 어긋나는
행동을 하는 아동을 조율할 줄 아는 면모도 필요하다.

〈순발력〉

　일반아동 및 특수아동의 신체발달, 심리와 생동, 부모교육 등에
대한 지식과 더불어 돌발 상황에 대한 신속한 판단 능력과 대처
능력이 필요하다.

〈책임감〉

　교육자로서 사명감과 아이들을 아끼고 사랑하는 마음은 물론,
책임감과 성실, 끈기 등을 갖춰야 한다.

〈건강〉

   어떤 업무에나 건강은 특히 중요한 요소이지만 특히
보육·유치원교사의 건강은 중요하다. 성인에 비해 움직임이 많은
아동을 보살피기 때문에 체력 소모가 많으며, 성인에 비해
면역체계가 약한 아동을 돌봐야 하므로 균에 대한 감염 여부에
특히 신경 써야 하기 때문이다.

〈관찰력〉

   보육·유치원교사는 아동의 건강상태 및 정서 상태를 주시하여
위급상황 및 아동의 건강 악화를 예방해야 한다. 더불어 아동의
잠재적인 능력이나 자질을 파악하여 개발을 도울 수도 있기에
아동에 대한 예리한 관찰력이 요구된다.

〈통솔력〉

   돌발 상황에 대처할 수 있는 능력 등이 요구되며, 올바른
교육을 위해 정확한 어휘구사능력을 갖춰야 한다.

윤리적 측면

초기 아동교사는 교육보다는 아동을 보호하고 관리하는 것이 주 업무였다. 아동은 양육자의 관심과 애정에 따라 자존감과 안정감 및 기타 발달여부가 달라지기에 아동의 건전한 인격 형성을 위해 교사 개인의 인성적인 면모가 우선시됐다. 물론 최근 들어 교육열이 높아지며 교사의 교육적 전문성이 부각되고는 있으나 영·유아기 아동을 담당한다는 점에서 보육·유치원교사의 인성은 여전히 중요하게 여겨진다.

보육·유치원교사라는 직업은 아동이라는 작은 인격체를 대하는 직업이다. 때문에 직업적인 전문성 외에도 윤리적인 부분이 특히 중요하게 여겨진다. 먼저 교사의 기본으로서 각 아동의 개성을 존중하며 차별 없이 공정하게 대해야 하며, 때에 따라 아동에게 알맞은 재량을 발휘해야 한다. 더불어 아동들은 인격과 사회성이 막 자리 잡는 시기이며, 타 연령대보다 교사의 자율성에 좌우되기에 교사의 영향력이 매우 크다고 할 수 있다. 이에 따라 아동을 존엄성 있는 작은 인격체로 생각하여 존중할 줄 아는 태도가 필요하다.

발달기 아동에게 보육·유치원교사는 부모와 더불어 동일시의 대상이자 모방의 대상이기도 하다. 더불어 타 교육권에 비해 아동의 행동을 결정하거나 좌우할 때에도 매우 큰 영향을 끼친다. 그래서 아동들의 모범이 되는 대상으로서 교사 개인의 윤리적인 태도가 매우 중요하다고 할 수 있다.

보육시설은 시설의 특성상 담당 교사와 아동이 지속적으로 접촉, 교류하기 때문에 아동은 교사의 행동에 밀접한 영향을 받을 수밖에 없다. 때문에 교사의 정서와 심성 안정이 무엇보다 중요하며 자신의 감정과 기분을 조절할 수 있는 절제심도 필요하다.

유치원 정교사와 보육교사는 영·유아의 교육을 담당하기 때문에 업무가 일부 중첩되는 경향이 있다. 그러나 관련 학위 혹은 학점을 이수하는 것은 필수적이며 직무에 따라 자격요건 및 필요한 자격증이 달라지므로 자신의 진로 상황에 맞춰 알맞은 방법을 선택하는 것이 좋다. 그러나 누리과정에 따라 보육·유치원 시설에 통합적인 교육과정이 적용됨에 따라 만 3~5세 아동을 담당하는 교사들은 일괄적으로 국가에서 실시하는 누리과정 교사연수를 받아야 한다.

　　보육교사가 되려면 기본적으로 고졸 이상의 학력이어야 하며
일정한 교육과정을 수료한 뒤 보건복지부에서 주최하는 국가
전문 자격증을 취득해야 한다. 자격증 종류는 보육교사 1급,
보육교사 2급, 보육교사 3급으로 구분되어 있다. 상위 자격으로
승급하기 위해서는 경력을 포함하여 일정 조건이 필요하다.
　　기본적으로 보육 관련학과를 졸업하는 편이 유리하지만 고졸
학력자라 해도 관련 기관에서 정한 교육시설에서 해당 내용에
대해 일정 시간 이상 교육을 이수하여 자격증을 취득할 수 있다.

〈대학 과정〉

　　보육 및 아동 관련 학과에 진학하여 기본적인 이론을 배울 수
있다. 영·유아의 신체적 특징 및 발달 과정, 영·유아의 영양과
건강, 안전교육, 보육기초이론 등을 배우게 된다. 관련학과로는
아동복지과, 아동복지학과, 아동학과 등이 있다. 이에 대한
자세한 내용은 후반 관련학과 부분에서 상세하게 다루고 있으니
참고하도록 하자.

〈시설 교육과정〉

　　여성가족부 및 국가 관련 기관에서 지정한 교육 훈련시설에서
교육을 받을 수 있다. 이수 교육내용 및 관련 과목은 정책에 따라
변경될 수 있으므로 관련 기관에서 매해 상세한 정보를 알아보는
것이 좋다.

보육교사 자격증은 별도의 시험 없이 해당 자격을 취득 후 일정 조건을 만족하면 상위 등급으로 승급하게 된다. 그러나 누리교육과정에 따라 이 또한 교육정책이 변경될 경우 내용과 조건이 달라질 수 있으므로 매년 관련 기관에서 상세한 정보를 확인하는 것이 좋다.

〈보육교사 1급〉

보육교사 1급 자격을 취득하려면 다음과 같은 조건이 충족돼야 한다.

■ 보육교사 2급 자격을 취득한 후 보육 관련 대학원에서 석사 학위를 취득하고, 1년 이상 관련 업무를 한 경력자는 1급 보육교사로 승급할 수 있다. 보건복지부에서 인정하는 승급 교육을 꼭 받아야 한다.

■ 보육교사 2급 자격을 취득한 후 3년 이상 보육 업무를 한 경력자도 1급 보육교사로 승급할 수 있다. 마찬가지로 보건복지부에서 인정하는 승급 교육을 받아야 한다.

〈보육교사 2급〉

보육교사 2급 자격을 취득하려면 다음과 같은 조건이 충족돼야 한다.

■ 전문대학 이상의 학교에서 유아교육과 등 보육 관련학과를 졸업할 경우 기본적으로 보육교사 2급 자격을 취득할 수 있다. 관련 시설에서 학점은행제 등을 통해 교육내용을 이수하는 방법도 있다.

■ 보육교사 3급 자격증을 취득한 후 1년 이상 보육 업무를 한
경력자의 경우 2급 보육교사로 승급할 수 있다. 이때
보건복지부에서 인정하는 승급 교육을 꼭 받아야 한다.

〈보육교사 3급〉

보육교사 3급 자격을 취득하려면 고등학교 및 이상의 학력이
있어야 하며, 보건복지부에서 인정하는 교육 훈련 시설에서 일정
교육과정을 이수해야 한다.

위와 같은 조건에 따라 해당 자격요건이 충족되면 등급에 따라
보육 교직원 자격을 신청할 수 있다. 신청방식은 개인 및 단체
신청이 있으며 인터넷을 통해 신청하거나 관련 기관을 방문하는
방법이 있다. 관련 서류를 필히 지참 및 전송하여야 한다.

자격	자격 조건	비고	근무처
보육교사 1급	2급 자격자 + 석사교육 + 경력 1년	보건복지부령 교육필수	어린이집
	2급 자격자 + 경력 3년		
보육교사 2급	3급 자격자 + 경력 1년		
	관련 학과 졸업자 (학점은행제 가능)		
보육교사 3급	보건복지부 시설 교육 이수자		

　유치원교사가 되려면 전문대학 혹은 이상의 학교에서 유아
관련 교육을 전공해야 한다. 해당 학과를 졸업하게 되면
기본적으로 보육교사 2급 자격증을 취득할 수 있으며, 일부 대학
규정에 따라 상위 일정 퍼센트 안에 들게 되면 유치원 정교사 2급
자격증을 취득할 수도 있다. 그밖에 유치원 교육과정이 있는
대학원에서 석사 학위를 취득할 경우에도 자격을 얻을 수 있다.

　　※ 누리과정 및 기타 정책변화로 인해 해당 내용이 변경될 수
　있기에 관련 기관에서 매년 상세한 내용을 확인하는 것이 좋다.

〈대학 과정〉

　고교 졸업 후 관련 학과에 진학하거나 편입하여 교육을 받고
자격증을 취득할 수 있다. 관련 학과는 아동복지과,
아동복지학과, 아동학과, 유아교육과, 아동교육과 및 사범대 소속
교육과 등이 있다.
　해당 학과에서는 발달심리학, 일반 교육학, 교육철학 등
기본적인 이론 지식 및 아동의 사회성 및 행동 관찰, 유치원
운영과 관리, 부모교육 등 아동교육에 대한 전반적인 내용을
배우게 된다. 또한 미술이나 체육, 과학 등의 과목 등 실제 아동과
함께 움직이게 되는 실기 교육도 함께 이루어진다.
　유아교육과는 일반 대학 소속과 사범대학 소속으로 구분할 수
있는데 해당 학과의 교육이수 연차 및 소속에 따라 호봉이
달라진다.

유치원교사는 정교사 자격기준에 따라 교육인적자원부에서
주최하는 국가전문자격증을 취득해야 한다. 정교사는 유치원,
초등학교, 중학교나 고등학교에서 학생들에게 교과목을 가르칠
수 있는 자격요건인데 초·중등 정교사는 '초·중등교육법'을
유치원 정교사는 '유아교육법'을 따른다. 유치원 정교사에는
1급과 2급 자격증이 있다.

유치원은 종류에 따라 국립, 공립, 사립 등으로 나누어져
있는데 국·공립 유치원교사가 되려면 해당 자격증을 취득한 후
유치원교사 임용고시를 치러야 한다. 일반 사립 유치원의 경우는
자격증 소지만으로 취직이 가능하다.

〈유치원 정교사 1급〉

유치원 정교사 1급 자격을 취득하려면 다음과 같은 조건이
충족돼야 한다.

■ 유치원 정교사 2급 자격을 취득한 후 3년 이상 교육업무를
   한 경력과 일정한 재교육을 받게 되면 유치원 정교사 1급
   자격을 취득할 수 있다.

■ 유치원 정교사 2급 자격을 취득한 후 교육대학원 또는
   교육과학기술부장관이 지정하는 대학원의 교육학과에서
   유치원 교육과정을 전공하여 석사학위를 받고, 1년 이상
   교육업무를 한 경력이 있으면 유치원 정교사 1급 자격을
   취득할 수 있다.

〈유치원 정교사 2급〉

　유치원 정교사 2급 자격을 취득하려면 다음과 같은 조건이
충족돼야 한다.

- 각 대학에 개설된 유아교육과 졸업자는 유치원 정교사 2급
  자격을 받게 된다.

- 전문대학이나 이와 동등하거나 이상의 각 학교 및
  「평생교육법」제31조제4항에 따른 전문대학학력인정
  평생교육시설 등의 졸업자로 재학 중 규정된 보육학점과
  교직 학점을 취득하게 되면 유치원 정교사 2급 자격을 얻을
  수 있다.

- 교육대학원이나 교육과학기술부 장관이 지정한 대학원의
  교육과에서 유치원 교육과정을 전공하고 석사 학위를 받게
  되면 유치원 정교사 2급 자격을 얻을 수 있다.

- 유치원 준교사자격증을 취득한 후 2년 이상 교육업무를 한
  경력과 함께 일정한 재교육을 받게 되면 유치원 정교사 2급
  자격을 취득할 수 있다.

〈유치원 준교사〉

　유치원 준교사 자격시험에 합격하게 되면 해당 자격을 취득할
수 있다.

자격	자격조건	비고	근무처
유치원 정교사 1급	2급 자격자 + 경력 3년 + 재교육	교원 임용고시 자격 가능	사립 및 병설 유치원 기타 보육시설 (임용고시 취득 시 국·공립 시설 근무)
	2급 자격자 + 석사학위 + 경력 1년		
유치원 정교사 2급	유아교육과 졸업자		
	관련 대학 및 시설 졸업자 + 보육, 교직학점 취득		
	교육과 대학원 유치원 교육과정 졸업자		
	유치원 준교사 자격자 + 경력 2년 + 재교육		
유치원 준교사	자격시험		

교육부장관이 지정하는 대학원

■ 서울대학교 대학원

■ 한국 교원대학교 대학원

■ 교육전문대학원으로 설치·승인받은 교육대학의 대학원

※ 「교원자격검정령 시행규칙」 제16조 및 「2020년도 교원자격검정 실무편람」, 교육부)에 의거.

유치원교원 임용고시

유치원 임용고시의 정확한 명칭은 '공립 유치원·초등학교·특수학교(유치원 · 초등)교사 임용후보자 선정경쟁시험'으로 「교육공무원 임용후보자 선정경쟁 시험규칙」에 따라 실시된다. 각 시·도 교육청에서 시행 공고 및 원서 교부와 접수 등 전체적인 시험을 주관하고 실시한다. 시행 계획 공고 후 약 5일 정도 원서 접수 기간이 있으며, 이후 3일 정도 원서 접수를 취소할 수 있는 기간을 추가로 둔다.

유치원 임용고시는 1차 시험과 2차 시험으로 이루어져 있다. 1차 시험을 실시한 후 한 달 정도 후에 1차 합격자를 발표하며, 그로부터 보름 내에 2차 시험을 실시한다. 2차 시험 실지 후 평균 30일 내에 최종 합격자를 발표한다. 1차와 2차 시험에 모두 통과해야 시험에 합격할 수 있다.

유치원 임용고시는 유치원교사 및 특수학교 유치원교사뿐 아니라 일반 초등학교와 특수학교 초등교사 시험과 함께 실시된다. 각 내용에 맞춰 시험 분야를 선택할 수 있다.

유치원교사와 특수학교(유치원)교사는 시험 내용이 동일하다. 1차와 2차 시험으로 진행되는데 1차 시험은 교직논술과 교육과정 총 2과목으로 실시된다.

배점은 교직논술이 20점, 교육과정이 80점으로 도합 100점 만점이다. 교직논술은 60분 내에 주어진 한 가지 논술 주제에 맞춰 원고지 1200자 이내의 논술 답안을 기술해야 하며, 교육과정은 140분 내에 주어진 16문항

내의 질문에 서술 혹은 기입하는 방식으로 답변해야 한다. 교육과정은 A형과 B형으로 나누어져 있으며 각 70분씩 시간을 나누어 실시한다. 각 문항은 난이도에 따라 점수가 배정된다.

2차 시험은 면접과 계획서 제출로 실행되는데 해당 회차에 배점이나 세부 내용이 조금씩 달라진다. 교수학습 과정안을 제출하고 교직적성을 알아보는 심층 면접을 보며, 수업 실연 과정을 살펴보게 된다. 더불어 영어 면접이나 영어수업 실연을 함께 본다.

※ 초등교사 및 특수학교(초등)교사의 경우 세부 항목이 달라진다.

회차	내용	유치원교사, 특수학교(유치원)교사	
1차	항목	교직논술	교육과정
	배점	20	80
	문항수	1문항	16문항 내외
	제출 방식	논술형 (원고지1200자 이내)	기입형, 서술형
	시간	60분	140분
2차	항목	교직적성 심층면접	
		교수학습 과정안 작성	
		수업실연	
		영어면접 및 영어수업 실연	
	비고	과목별 배점, 문항 수 시간 등은 시험 시행 공고 시 안내	

교원임용고시(유치원)

임용고시는 교사에 대한 선호가 증가하면서 교사지원자에 대해 균등한 기회를 부여하고, 양질의 교사를 선발할 목적으로 실시됐다.

1991년부터 국·공립학교를 중심으로 실시됐으며 최근에는 사립학교에도 조금씩 확대되고 있다.

초·중등 각 시·도 교육위원회 교육감이 매 학년 교사 수습계획에 따라 시험 장소와 과목, 시험일시, 배점 비율, 응시 자격 및 각종 절차에 대한 것을 30일 전에 공고한다. 유치원교사의 경우 변동 가능성이 있는 부분에 대해 4-5월경 사전 예고를 하고, 10월에서 11월 사이에 확정 공고를 한다. 확정 공고와 사전 공고 내용에는 차이가 있을 수 있으므로 필히 확정 공고를 확인해야 한다. 확정 공고 후 1달 사이 보통 11월 말 경에 1차 임용시험이 실시된다.

■ 응시자격

2급 유치원 정교사 자격증 이상 소지자. 현직 교사는 포함되지 않는다.

■ 주관처

한국 교육과정 평가원에서 주관하며, 시·도 교육감이 실시한다.

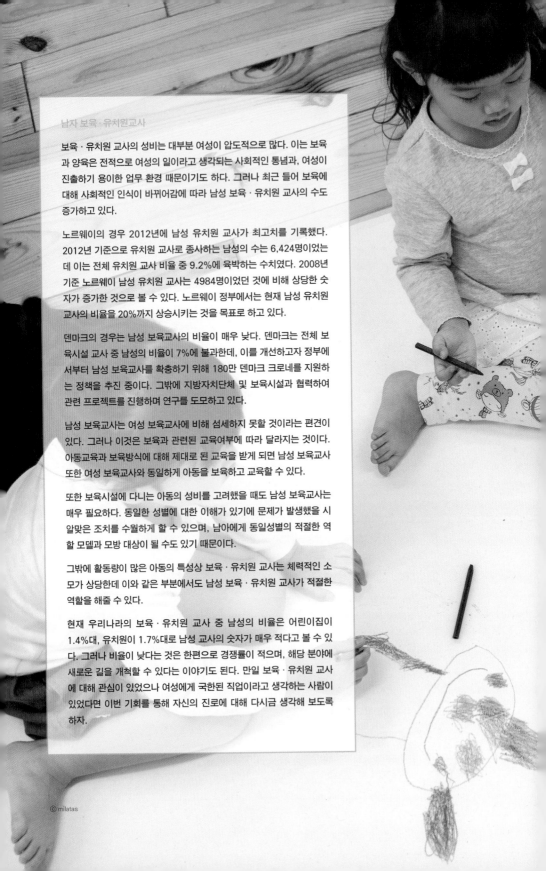

남자 보육·유치원교사

보육·유치원 교사의 성비는 대부분 여성이 압도적으로 많다. 이는 보육과 양육은 전적으로 여성의 일이라고 생각되는 사회적인 통념과, 여성이 진출하기 용이한 업무 환경 때문이기도 하다. 그러나 최근 들어 보육에 대해 사회적인 인식이 바뀌어감에 따라 남성 보육·유치원 교사의 수도 증가하고 있다.

노르웨이의 경우 2012년에 남성 유치원 교사가 최고치를 기록했다. 2012년 기준으로 유치원 교사로 종사하는 남성의 수는 6,424명이었는데 이는 전체 유치원 교사 비율 중 9.2%에 육박하는 수치였다. 2008년 기준 노르웨이 남성 유치원 교사는 4984명이었던 것에 비해 상당한 숫자가 증가한 것으로 볼 수 있다. 노르웨이 정부에서는 현재 남성 유치원 교사의 비율을 20%까지 상승시키는 것을 목표로 하고 있다.

덴마크의 경우는 남성 보육교사의 비율이 매우 낮다. 덴마크는 전체 보육시설 교사 중 남성의 비율이 7%에 불과한데, 이를 개선하고자 정부에서부터 남성 보육교사를 확충하기 위해 180만 덴마크 크로네를 지원하는 정책을 추진 중이다. 그밖에 지방자치단체 및 보육시설과 협력하여 관련 프로젝트를 진행하며 연구를 도모하고 있다.

남성 보육교사는 여성 보육교사에 비해 섬세하지 못할 것이라는 편견이 있다. 그러나 이것은 보육과 관련된 교육여부에 따라 달라지는 것이다. 아동교육과 보육방식에 대해 제대로 된 교육을 받게 되면 남성 보육교사 또한 여성 보육교사와 동일하게 아동을 보육하고 교육할 수 있다.

또한 보육시설에 다니는 아동의 성비를 고려했을 때도 남성 보육교사는 매우 필요하다. 동일한 성별에 대한 이해가 있기에 문제가 발생했을 시 알맞은 조치를 수월하게 할 수 있으며, 남아에게 동일성별의 적절한 역할 모델과 모방 대상이 될 수도 있기 때문이다.

그밖에 활동량이 많은 아동의 특성상 보육·유치원 교사는 체력적인 소모가 상당한데 이와 같은 부분에서도 남성 보육·유치원 교사가 적절한 역할을 해줄 수 있다.

현재 우리나라의 보육·유치원 교사 중 남성의 비율은 어린이집이 1.4%대, 유치원이 1.7%대로 남성 교사의 숫자가 매우 적다고 볼 수 있다. 그러나 비율이 낮다는 것은 한편으로 경쟁률이 적으며, 해당 분야에 새로운 길을 개척할 수 있다는 이야기도 된다. 만일 보육·유치원 교사에 대해 관심이 있었으나 여성에게 국한된 직업이라고 생각하는 사람이 있었다면 이번 기회를 통해 자신의 진로에 대해 다시금 생각해 보도록 하자.

보육·유치원교사는 업무 특성상 대학 과정 중 전공과목이 겹치는 경우가 많다. 기본적으로 보육교사는 아동복지과, 아동복지학과, 아동학과 등을 전공하는 것이 좋으나 고교 졸업자의 경우도 일정한 교육과정을 수료하게 되면 자격증을 취득할 수 있다. 물론 해당 학과를 졸업하고 일정 학점을 수료할 시 자동으로 보육교사 자격을 취득하는 경우도 있다.

유치원교사의 경우는 아동복지과, 아동복지학과, 아동학과, 유아교육과, 아동교육과 등을 전공하는 것이 좋으며, 관련 자격도 해당 학과를 졸업해야만 취득할 수 있는 경우가 많다.

이렇게 두 진로에 따라 전공할 수 있는 학과 정보가 일부 겹치기도 하고 다르기도 하기에 이곳에는 각 학과별 특징 및 교육내용, 개설대학 등을 상세히 기록해두었으니 자세히 비교하여 자신에게 알맞은 학과를 선택해 보자.

※ 이번 장에서 소개되는 학과들은 교육부 정책 및 개별 대학 입시요강과 정책변화에 따라 내용이 일부 변경될 수 있다.

영·유아 및 아동의 건전한 성장과 발달을 도우며 그들의
잠재능력을 발휘할 수 있도록 돕는 학과이다. 유능하고 창의적인
인재를 키워 아동의 복지 실현을 도모하기 위해 설립됐다.

일반 아동과 관련된 발달, 복지 등에 대한 지식과 교육 및
특수아동과 관련된 교육도 받게 된다. 더불어 해당 교육 후 현장
실습을 통해 보다 전문적인 전문 인재를 양성하는 데 목표를 두고
있다.

〈공부하는 주요 교과목〉

■ 교육심리

교육심리란 교육을 진행하는 현장에서 일어날 수 있는 여러
가지 심리적 현상들에 대한 이해 및 이를 기초로 하여 수업에
참여하는 학생의 학습 원리를 연구하는 학문이다. 학생들의
특성 및 발달상황 학습평가 등을 통합적으로 살펴보며 원활한
학습방안을 탐구하고, 학생들에게 어떤 것이 도움이 될 수
있는지 기능과 내용 등을 함께 익히게 된다.

■ 부모교육

아동교육은 아동뿐 아니라 아동의 보호자로서 아동을 직접
양육하는 부모의 역할도 매우 중요하다. 때문에 아동교육자
역시 기본적인 부모교육 이론 및 부모교육과 관련된 내용들을
익히고, 이 내용들에 대해 아동의 부모들과 공유하여 의견을
나눌 필요가 있다.

부모교육은 부모를 포함하여 아동을 돌보는 보호자들의 사회,
경제적인 환경 및 성격적인 요소들이 아동에게 미치는 영향에
대해 심도 깊게 학습하고, 아동이 올바른 방향으로 성장할 수
있도록 교육자가 부모와 함께 의견을 공유하여 바람직한
교육을 실천하게 하는 데 매우 중요한 학문이다. 아동교육자는

아동의 교육자이자 보육자이기도 하며, 아동의 본래
보호자이자 보육자인 부모의 좋은 상담자가 될 수 있다. 때문에
이 방향에 대한 다양한 학문내용 및 기술과 자질 등을 익힐
필요가 있다.

■ 아동건강교육
기본적인 보건지식 및 영·유아의 건강에 대한 부분을 배우게
된다. 영·유아가 병에 걸리지 않도록 각종 질병에 대한 내용과
이를 예방하는 방법 및 치료법, 영양에 관련된 내용 등을
학습하게 된다.

■ 언어지도
영·유아의 언어 발달상황 및 언어심리상황에 맞춰 영·유아가
개인의 생각이나 의견을 알맞고 바르게 표현하도록 지도하는
법과 타인의 의견을 듣고 그들과 원활히 소통하도록 도울 수
있는 지도법을 익히게 된다. 더불어 각 상황에서 일어날 수
있는 문제점 등에 대해서도 배우게 된다.

■ 유아사회교육
기본적인 사회교육프로그램을 이해하고 영·유아 및 아동의
사회와 과정 및 바른 사회화 지도 방안에 대해 탐구하게 된다.

〈전문대학 아동복지 관련 학과〉

동원대, 전남과학대(아동복지재활), 전주비전대,
경남도립거창대(아동보육복지), 고구려대(아동보육복지),
동남보건대(보건보육상담), 여주대(아동보육복지 심화과정)

아동복지는 사회복지에서도 매우 중요한 분야이다.
아동복지학과는 이에 따라 아동이 태어난 이후 행복하고
건강하게 생활하고 성장할 수 있는 방안에 대해 연구하는
학문이다. 아동들이 건강하게 성장하여 올바른 정신을 갖추며
행복한 환경을 누릴 수 있도록 도우며, 바람직한 사회인으로
성장할 수 있도록 이와 관련된 이론 및 현장에 대한 내용을
학습하여 아동을 교육할 수 있는 능력을 기르도록 돕는 학과이다.
실제 아동 복지 영역에서 이론과 실제에 능한 전문가를 양성하는
것이 목적이다.

〈공부하는 주요 교과목〉

■ 가족관계
가족이 어떻게 이루어지는지, 어떤 형태가 있는지, 어떤 기능을
하는지 등을 학습한다. 또한 가족을 이루기 전 이성교제, 약혼,
결혼 등 관계에 대한 부분과 역할, 부모자녀 간의 관계 등도
함께 배우게 된다.

■ 아동복지론
아동이 건전하게 성장할 수 있도록 사회와 가정에서 일어나는
일 및 각종 문제들을 배우고, 아동복지 차원에서 이것을
재고하게 된다.

■ 아동언어와 문학
아동이 사용하는 언어 및 이것의 특징과 특성, 이에 알맞은
아동 관련 문학 작품들에 대한 내용을 학습하며 각 상황을
분석하여 변화 과정에 따른 활동 방법을 배우게 된다.

■ 인간발달과 교육

영·유아 및 아동의 지적, 정서적, 신체적, 사회적 발달 특성을
학습하고 이에 맞춰 효과적인 교육을 할 수 있는 내용을 배우게
된다.

■ 인간행동과 사회환경

사회적, 심리적, 문화적 측면에서 인간의 행동을 이해하고
분석하며 환경 및 각종 여건이 인간의 성격과 행동에 미치는
영향들에 대해 학습하게 된다.

〈4년제 대학 아동복지학 관련 학과〉

고신대, 남서울대, 대구한의대, 서원대, 숙명여대, 우석대,
원광대, 충북대, 한남대

　미래 우리 사회의 재목이 되는 아동의 발달 과정 및 교육
이론을 학습하며, 이와 관련된 교육 이론을 배울 수 있는
학과이다. 더불어 아동이 건강하게 성장하여 바른 생활을 할 수
있도록 이를 보장하는 방법 및 이 과정에서 일어나는 문제들과
이를 해결하는 방법들에 대해서도 공부한다. 전문지식과 기술을
갖춘 아동복지 전문인력을 양성하는 데 목표를 두고 있다.

〈공부하는 주요 교과목〉

■ 소아의학
　아동의 전반적인 발달 과정 및 특성에 대해 학습하며 의학적인
　부분을 중심으로 아동의 성장에서 일어나는 각종 내용들에
　대해 익히게 된다.

■ 아동관찰
　아동의 발달 과정에 따른 발달 과업을 학습하며, 이것에 따라
　아동을 관찰하는 법 및 기타 관련 내용을 배우게 된다.

■ 아동문학
　아동문학이 무엇인지, 어떤 내용과 종류가 있는지 등
　아동문학에 대해 전반적으로 학습하며 각 아동문학을 직접
　감상하고 비평하기도 한다.

■ 아동임상심리
　아동기에 겪을 수 있는 각종 심리적 장애에 대해 학습한다.
　형태별, 내용별로 관련 항목과 장애가 발생하는 심리적,
　사회적인 요인 및 유전적 요인을 포함한 환경적 요인들에
　대해서도 탐구하게 된다.

■ 특수아교육론

특수아동의 특성과 관련 내용에 대해 학습한다. 더불어 각
아동에 알맞은 교육방식을 학습하고 연구하며 아동의 신체적
장애요인 및 특성을 파악하여 진단하고 분류할 수 있는 방법을
배우게 된다.

〈4년제 대학 아동학 관련 학과〉

가톨릭대, 경북대, 광주대, 대구카톨릭대, 대진대, 동덕여대,
동아대, 명지대, 목포대, 서경대, 서울대(아동가족학), 서울여대,
을지대, 전북대, 총신대, 한신대(심리.아동학부)

아동교육과(아동보육과)

아동의 발달심리 연구를 통해 아동이라는 인격체가 올바르게
성장하고 발달할 수 있도록 전인적인 관점에서 돕는 방안을 연구,
학습하는 학과이다. 정보화 시대에 발맞춰 아동교육의 새로운
문화를 창출할 수 있도록 한다. 부모를 보조하는 양육자로서
아동에 대한 전반적인 이론 및 놀이교육에 대한 부분들을
학습하여 아동의 성장과 발달에 기여하며, 질 좋은 교육을 제공할
수 있는 보육교사를 양성하는 데 목표를 둔다.

〈공부하는 주요 교과목〉

■ 발달단계별 교육계획
  아동 발달의 개요와 단계별 표현 특징 및 유형 등 배경과 기초
  이론을 학습하며, 알맞은 교육계획을 수립하는 방안을
  학습한다.

■ 실기교육방법론
  아동교육 실기에 대한 기본적인 내용 및 학습심리를 탐구하며
  교사의 기본 소양 및 교육방법론에 대해 연구하고 학습한다.

■ 아동발달
  발달 단계별 아동의 행동을 연구하고 파악하며, 이론을
  기반으로 아동의 신체 및 운동기능, 정서, 언어, 지능, 사회성,
  지각 등 각종 발달 특성들을 학습한다. 더불어 각 단계별
  성장에 따른 아동의 행동과 알맞은 적응단계 등을 배운다.

■ 아동심리
  아동의 전반적인 정신건강에 대해 학습한다. 아동의 행동 및
  그에 비롯되는 감정과 생각 행동을 하게 되는 요인 등을
  학습하며, 아동의 상호작용 및 생리변화에 따른 아동의 변화

과정을 익힌다.

■ 유아교육론
유아교육의 개념과 정의 및 성격을 익히며, 목적이 무엇인지 왜
중요한지 어떤 특성이 있는지 등을 세분화하여 학습한다. 또한
우리나라와 외국의 유아교육상황 및 현실을 파악하고 이와
관련된 문제점과 해결 방안 등을 연구한다. 더불어 여러 가지
유아교육 프로그램 등을 익히며, 이론적인 내용 외에 현장실기
등도 함께 익히게 된다.

⟨4년제 대학 아동교육 관련 학과⟩

건양대, 대전대, 서울신학대, 협성대

⟨전문대학 아동교육 관련 학과⟩

경인여대, 고구려대, 김포대, 대전과학기술대, 동서울대,
배화여대, 부산경상대, 부천대, 삼육보건대, 수원여대, 숭의여대,
신구대, 신안산대, 연성대, 오산대, 유한대, 인천재능대, 한양여대

　　유아를 교육하고 양육하는 것에 대한 전반적인 지식을 배우고
연구하는 학과이다. 또한 이에 따라 각 성장과 발달 단계에
알맞은 효과적인 교육방법을 학습하여 아동이 올바른 시점과
인성을 갖출 수 있도록 도와줄 수 있는 유능하고 경쟁력 있는
교사를 양성하는 데 목표를 둔다.

〈공부하는 주요 교과목〉

■ 보육(영 · 유아) 교육과정
　영 · 유아를 교육하는 데 필요한 기본적인 교과과정과 이론을
　학습한다. 언어, 수학, 사회, 과학, 예능 등 각 교육내용을
　교육과정에 알맞게 조율하며, 영 · 유아의 성장 환경 및 지역,
　연령 등에 알맞은 교육과정을 계획하고 구상한다.

■ 아동(영 · 유아) 안전관리
　영 · 유아 스스로의 안전관리방법 및 생활 안전에 대한 내용,
　교사와 부모가 함께 알아야 할 안전내용과 기술 등을 학습하게
　된다.

■ 영 · 유아놀이지도
　놀이교육의 중요성을 익히며 영 · 유아별 발달 상황에 맞는
　놀이방법을 익히고 계획한다. 더불어 물리, 사회적 환경에
　알맞은 놀이 환경을 구상하고 이를 촉진하기 위한 방안과
　능력을 학습하게 된다.

■ 유아다문화이해
　다문화사회에 알맞은 교육방식을 탐구하게 된다. 우리 문화의
　정체성 확립뿐 아니라 다양한 나라의 문화와 환경을 이해하고
　이를 교육현장에 효율적으로 적용하는 방안을 익힌다.

■ 유아외국어교육

모국어 외에 외국어를 교육하는 방법에 대해 연구, 학습하게 된다. 다양한 외국어를 연구하여 알맞은 교육방안을 학습, 연구하여 교육현장에 적용한다. 이를 통해 영·유아를 지구촌 시대에 발맞춘 인재로 양육하는 데 목적이 있다.

〈4년제 대학 유아교육 관련 학과〉

가야대, 가천대(유아교육학), 강남대, 강릉원주대, 강원대, 건국대, 건양대, 경기대, 경남대, 경동대, 경상대, 경성대, 계명대, 고신대, 공주대, 광신대, 광주대, 광주여대, 김천대, 나사렛대(유아특수교육), 남부대, 대구가톨릭대, 대구대, 덕성여대, 동국대, 동명대, 동신대(유아교육학), 동양대, 동의대, 목원대, 목포가톨릭대, 배재대, 백석대, 부경대, 부산대, 삼육대, 상지대(유아교육학), 서울신학대, 서원대, 성결대, 성신여대, 세한대, 송원대, 순천향대, 신라대, 신한대, 안양대, 영남대, 우송대, 원광대, 위덕대, 유원대, 을지대(유아교육학), 이화여대, 인제대, 인천대, 전남대, 제주국제대, 중부대, 중앙대, 창신대, 창원대, 총신대, 한국교원대, 한국교통대(유아교육학), 한국국제대, 호남대(유아교육학), 호서대, 호원대

〈전문대학 유아교육 관련 학과〉

가톨릭상지대, 강동대, 강릉영동대, 거제대, 경남정보대, 경민대, 경복대, 경북과학대, 경북도립대, 경북전문대, 경인여대(유아교육학), 계명문화대, 고구려대, 광양보건대, 광주보건대(유아교육학), 구미대, 국제대, 김포대, 김해대, 대경대, 대구공업대, 대구과학대, 대구보건대(유아교육학), 대덕대, 대림대, 대원대, 대전과학기술대, 대전보건대, 동강대, 동남보건대, 동아보건대, 동원과학기술대, 동의과학대, 동주대, 두원공과대, 명지전문대(유아교육학), 배화여대, 백석문화대, 부산경상대, 부산과학기술대, 부산여대, 부천대, 서영대, 서일대(유아교육학), 서정대, 선린대, 성운대, 송곡대, 수성대, 수원여대, 순천제일대, 숭의여대, 신구대, 신성대, 안동과학대, 안산대, 연성대, 영진전문대, 오산대, 용인예술과학대, 우송정보대학, 울산과학대, 원광보건대, 인천재능대, 장안대, 전남도립대, 전북과학대, 전주기전대학, 전주비전대, 제주관광대, 제주한라대, 창원문성대, 청암대, 춘해보건대, 충청대, 포항대, 한국영상대, 한림성심대, 한양여대, 혜전대

Part Four

Reference

유치원교사는 「유아교육법」 제20조제1항 및
「유아교육법 시행령」 제23조제2항에 따라 원장,
원감, 수석교사, 교사로 나뉜다. 그러나 2학급
이하가 되는 유치원에는 원감을 두지 않을 수
있다. 각 교원들은 유아교육법에 따라
교육부장관이 검정하고 수여하는 자격증을
소지한 사람이어야 한다.

유치원 원장

유치원 원장은 유치원의 총책임자로서 유치원교사와 직원들의
활동을 관리하고 감독하는 업무를 맡는다. 유치원의 전체
교육방향이나 문제에 대해 직원 및 학부모와 충실히 이야기를
나누어 유치원 내 행사 계획이나 교육방안 등을 수립하고, 알맞은
교육 방안을 결정한다. 또한 내부 시설의 안전을 관리, 감독하여
확인하며 유치원 내부에서 기록되는 각종 공문서를 결재하는
일을 한다.

유치원 원감 자격증을 소지한 후 업무 현장에서 3년 이상
교육업무를 한 경력이 있을 경우 일정한 재교육을 받은 뒤 유치원
원장이 될 수 있다. 혹은 전문대학 졸업자나 이와 같은 수준의
학력자의 경우는 다음과 같은 조건에 부합해야 유치원 원장이 될
수 있다.

- 5급 이상의 국가공무원 또는 지방공무원으로 교육경력이
  5년 이상이거나 교육 행정경력이 있는 사람

- 장학관 또는 교육연구관으로 교육경력이 5년 이상이거나
  교육행정경력이 있는 사람

- 7년 이상의 교육경력이나 교육행정경력이 있는 사람

- 11년 이상의 교육경력이나 교육행정경력이 있는 사람

유치원에서, 원장이 없을 때 원장을 대리하며 원장의 업무를 도와 전반적인 원무를 맡아본다. 유치원의 제반 관리 및 교육내용, 결재 등을 일부 담당한다. 전반적인 업무는 유치원 원장과 상이한 점이 있으나 일부 제한이 있다.

유치원 원감이 되기위한 자격조건은 다음과 같다.

- 유치원 정교사 1급 자격증을 취득한 후 업무 현장에서 3년 이상 교육 경력이 있으며, 일정한 재교육을 받을 경우 유치원 원감이 될 수 있다.

- 유치원 정교사 2급 자격증을 취득한 후 업무 현장에서 6년 이상 교육 경력이 있으며, 일정한 재교육을 받을 경우 유치원 원감이 될 수 있다.

재교육 내용

교육연수원 등의 연수기관에서 15학점 이상의 학점을 취득하고, 총 학점 평균 성적이 60점 이상이거나 해당 기관에서 180시간 이상 연수 과정을 이수하고 총 평균 성적이 60점 이상을 얻어야 한다.

※「교원자격검정령」제21조제1항 및 「교원 등의 연수에 관한 규정」제2조제1항에 의거

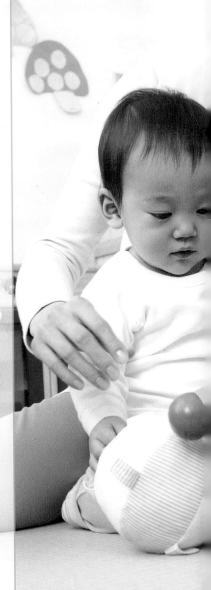

제21조(교직원의 임무)

① 원장은 원무를 총괄하고 소속교직원을 지도·감독하며 해당 유치원의 유아를 교육한다.

② 원감은 원장을 보좌하여 원무를 관리하고 해당 유치원의 유아를 교육하며, 원장이 부득이한 사유로 직무를 수행할 수 없을 때에는 그 직무를 대행한다. 다만, 원감을 두지 아니하는 유치원은 원장이 미리 지명한 교사(수석교사를 포함한다)가 그 직무를 대행한다.

③ 수석교사는 교사의 교수·연구활동을 지원하며, 유아를 교육한다.

④ 교사는 법령에서 정하는 바에 따라 해당 유치원의 유아를 교육한다.

⑤ 행정직원 등 직원은 법령에서 정하는 바에 따라 유치원의 행정사무와 그 밖의 사무를 담당한다.

제22조(교원의 자격)

① 원장 및 원감은 별표 1의 자격기준에 해당하는 사람으로서 대통령령으로 정하는 바에 따라 교육부장관이 검정·수여하는 자격증을 받은 사람이어야 한다.

② 교사는 정교사(1급·2급)·준교사로 나누되, 별표 2의 자격기준에 해당하는 사람으로서 대통령령으로 정하는 바에 따라 교육부장관이 검정·수여하는 자격증을 받은 사람이어야 한다.

③ 수석교사는 제2항의 자격증을 소지한 사람으로서 15년 이상의 교육경력(「교육공무원법」 제2조제1항제2호 및 제3호에 따른 교육전문직원으로 근무한 경력을 포함한다)을 가지고 교수·연구에 우수한 자질과 능력을 가진 사람 중에서 대통령령으로 정하는 바에 따라 교육부장관이 정하는 연수 이수 결과를 바탕으로 검정·수여하는 자격증을 받은 사람이어야 한다.

제23조(강사 등)

① 유치원에는 교육과정 운영에 필요한 경우 제20조제1항에 따른 교원 외에 강사, 기간제 교사 또는 명예교사 등을 두어 유아교육을 담당하거나 보조하게 할 수 있다. 이 경우 국립·공립 유치원은 「교육공무원법」 제10조의3제1항 및 제10조의4를, 사립유치원은 「사립학교법」 제54조의3제4항 및 제5항을 각각 준용한다.

② 제1항에 따라 유치원에 두는 강사 등의 종류·자격기준 및 임용 등에 필요한 사항은 대통령령으로 정한다.

유치원의 운영과 교원 배치 기준(유아교육법 시행령)

제22조의2(유치원운영위원회의 설치 대상)

법 제19조의3제1항 단서에서 "대통령령으로 정하는 규모 이상의 유치원"이란 국립·공립 유치원과 정원이 20명 이상인 사립유치원을 말한다.

제23조(유치원 교원의 배치기준)

① 법 제20조에 따라 유치원에는 원장·원감 외에 학급마다 교사 1명 이상을 배치하여 학급을 담당하게 한다. 다만, 2학급 이하인 유치원의 경우에는 원장 및 원감이 학급을 담당할 수 있다.

② 법 제20조제1항에서 "대통령령으로 정하는 일정 규모 이하의 유치원"이란 2학급 이하의 유치원을 말한다.

③ 방과후 과정을 운영하는 유치원에는 각 학급 담당교사 외에 방과후 과정 운영을 담당할 교사를 1명 이상 둘 수 있으며, 유치원별 방과후 과정 운영 담당 교사의 배치기준은 관할청이 정한다.

④ 유치원에는 교사 중에서 다음 각 호의 구분에 따른 수의 보직교사를 둘 수 있다. 다만, 11학급 이하의 유치원으로서 교육부장관이 지정하는 연구학교에는 다음 각 호의 구분에 따른 수보다 보직교사 1명을 더 둘 수 있다.

1. 3학급 이상 5학급 이하의 유치원: 1명

2. 6학급 이상 11학급 이하의 유치원: 2명

3. 12학급 이상의 유치원: 3명

⑤ 제4항에 따른 보직교사의 명칭은 관할청이 정하고, 유치원별 보직교사의 종류 및 그 업무분장은 원장이 정한다.

어린이집 원장 자격

　어린이집의 원장은 어린이집을 총괄하는 보육교사이다. 또한
시설 내 보육교직원을 지도·감독하면서 어린이집의 관리·운영을
책임지기도 한다. 때문에 보건복지부장관이 검정·수여하는
전문적인 자격증이 있어야 한다.
　어린이집 원장이 되기 위한 자격조건은 다음과 같다.

- 보육교사 1급 자격증 취득 후 보육 등 아동복지업무 등에서
　2년 이상 경력이 있는 사람

- 「유아교육법」에 따른 유치원 정교사 2급 자격증을 취득한
　후 보육 등 아동복지업무에서 5년 이상 경력이 있는 사람

- 유치원 원장의 자격이 있는 사람

- 「초·중등교육법」에 따른 초등학교 정교사 자격증을 취득한 후 보육 등 아동복지업무에서 5년 이상의 경력이 있는 사람

- 「사회복지사업법」에 따른 사회복지사 1급 자격증을 취득한 후 보육 등 아동복지업무에서 5년 이상 경력이 있는 사람

- 「의료법」에 따른 간호사 자격을 취득한 후 보육 등 아동복지업무에서 7년 이상의 경력이 있는 사람

- 국가 또는 지방자치단체에서 7급 이상의 공무원으로 보육 등 아동복지업무에 5년 이상 근무한 경력이 있는 사람

〈가정 어린이집 원장 자격〉

- 일반기준에서 정한 자격을 갖춘 사람

- 보육교사 2급 이상 자격증을 취득한 후 보육업무 경력이 2년 이상 있는 사람

〈영아 전담 어린이집 원장 자격〉

영아 전담 어린이집은 만 3세미만의 영아만을 20명 이상 보육하는 어린이집을 말하며, 영아 전담 어린이집 원장은 해당 시설을 운영하는 원장을 말한다.

- 일반기준에 맞은 자격을 갖춘 사람

- 간호사 자격증을 취득한 후 5년 이상의 아동간호업무
  경력이 있는 사람

〈장애아 전담 어린이집 원장 자격〉

　장애아 전담 어린이집이란 「장애인복지법」 제32조에 따라
장애인으로 등록된 영·유아만을 20명 이상 보육하는 어린이집을
말한다. 다음 기준 중 어느 하나에 해당하는 자격이 있다면
장애아 전담 어린이집 원장 자격을 얻을 수 있다.

- 전문대학을 포함한 대학에서 장애인복지 또는 재활 관련
  학과를 전공한 사람

- 장애아 어린이집에서 2년 이상의 보육업무 경력이 있는
  사람

- 보건복지부령이 정하는 장애아 보육 직무교육을 받은 사람

아동간호업무 경력

병원 소아과나 신생아실,
보건소 모자보건센터, 초
등학교 보건실 등에서 근무
한 경력

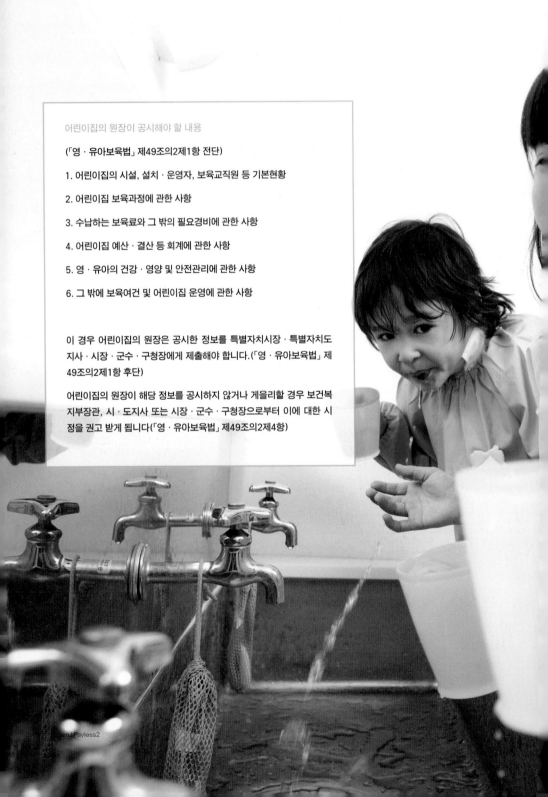

어린이집의 원장이 공시해야 할 내용

(「영 · 유아보육법」 제49조의2제1항 전단)

1. 어린이집의 시설, 설치 · 운영자, 보육교직원 등 기본현황

2. 어린이집 보육과정에 관한 사항

3. 수납하는 보육료와 그 밖의 필요경비에 관한 사항

4. 어린이집 예산 · 결산 등 회계에 관한 사항

5. 영 · 유아의 건강 · 영양 및 안전관리에 관한 사항

6. 그 밖에 보육여건 및 어린이집 운영에 관한 사항

이 경우 어린이집의 원장은 공시한 정보를 특별자치시장 · 특별자치도 지사 · 시장 · 군수 · 구청장에게 제출해야 합니다.(「영 · 유아보육법」 제 49조의2제1항 후단)

어린이집의 원장이 해당 정보를 공시하지 않거나 게을리할 경우 보건복지부장관, 시 · 도지사 또는 시장 · 군수 · 구청장으로부터 이에 대한 시정을 권고 받게 됩니다(「영 · 유아보육법」 제49조의2제4항)

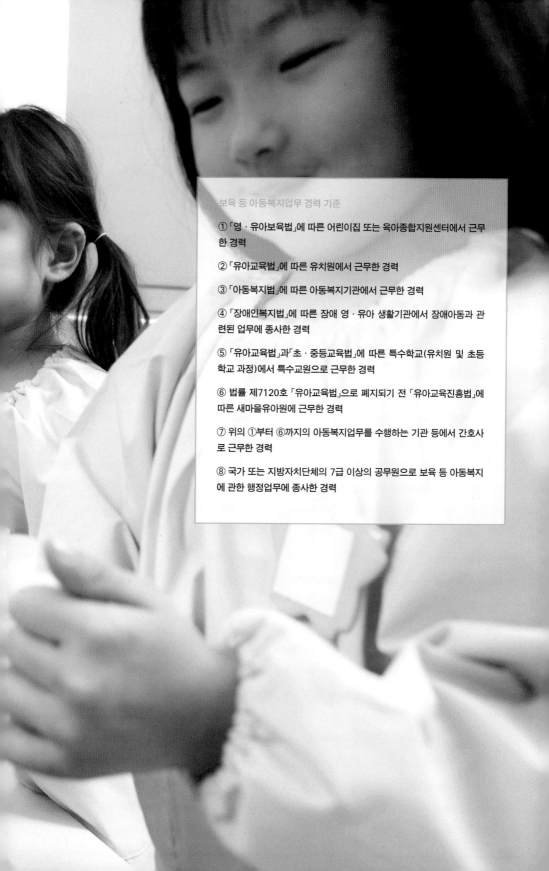

보육 등 아동복지업무 경력 기준

① 「영·유아보육법」에 따른 어린이집 또는 육아종합지원센터에서 근무한 경력

② 「유아교육법」에 따른 유치원에서 근무한 경력

③ 「아동복지법」에 따른 아동복지기관에서 근무한 경력

④ 「장애인복지법」에 따른 장애 영·유아 생활기관에서 장애아동과 관련된 업무에 종사한 경력

⑤ 「유아교육법」과 「초·중등교육법」에 따른 특수학교(유치원 및 초등학교 과정)에서 특수교원으로 근무한 경력

⑥ 법률 제7120호 「유아교육법」으로 폐지되기 전 「유아교육진흥법」에 따른 새마을유아원에 근무한 경력

⑦ 위의 ①부터 ⑥까지의 아동복지업무를 수행하는 기관 등에서 간호사로 근무한 경력

⑧ 국가 또는 지방자치단체의 7급 이상의 공무원으로 보육 등 아동복지에 관한 행정업무에 종사한 경력

특수학교란?

　특수학교란 신체나 정신, 혹은 지적 장애 등으로 특수한 교육이
필요한 유아를 교육하는 시설을 말한다. 유치원에 준하는 교육 및
실제 생활하는 데 필요한 지식과 기능, 사회 적응 교육 등을
실시한다. 또한「장애인 등에 대한 특수교육법」제4조제1항에
의거하여 입학을 원하는 영·유아의 장애를 이유로 학교 측에서
입학을 거부하거나, 교육에 차별을 두어서는 안 된다.
　미국에서는 1975년부터 전장애아교육법을 제정하여 장애가
있는 아동이나 특수교육이 필요한 아동에게 무상으로 공교육을
실시했다. 이 법에 따라 장애 아동들의 개별적인 성향과 요구에
맞춰 특수 교육 및 연관된 서비스를 받을 수 있었으며, 각 아동과
부모를 포함한 보호자의 권리를 보호하기 위해 만들어졌다. 또한

이와 같은 목적을 달성하고자 다음 여섯 가지 원칙을 제시하여
아동을 보호하는 데 힘썼다.

- 무상 공교육(Free, Appropriate Public Education: FAPE)
- 최소제한환경(Least Restrictive Environment)
- 적법절차(Due Process)
- 완전수용(Zero Reject)
- 비차별적 평가(Nondiscriminatory Evaluation)
- 개별화교육 프로그램(IEP)
- 부모 참여(Parental Participation)

이 법은 현재 '장애인 교육법(IDEA)'으로 이름이 변경됐으며,
아동이 문제행동을 보일 때에 대한 기능적 평가나 전환교육계획,
긍정적인 행동 지원 등의 내용이 추가됐다.

우리나라의 경우 근대에 들어서며 책자를 통해 서구의 장애인
교육이 알려지기 시작하면서 특수 교육에 대한 인식이 퍼지기
시작했다. 우리나라를 방문한 외국 선교사들에 의해 맹아
교육에서부터 농아 교육까지 다양한 교육이 이루어졌다.

국내 교육시설의 경우 1445년에 서운관이라는 최초의 특수
교육기관이 설립되어 맹아 교육을 실시했으며, 해방 이후에는
국립 맹아학교, 대구 광명학교 등 여러 특수학교가 설립됐다.
이후에는 특수교육 5개년 계획이 수립되어 맹아학교, 농아학교
및 정신지체 교육과정, 지체부자유 교육과정 등이 체계화됐다.
더불어 특수 교육 전담 부서가 설립되고 국립 특수교육원이
설립됐다. 또한 특수 교사를 양성하는 기관도 증가하여 전문
교사를 양성하기 시작했다. 법적으로는 기존 특수 진흥법을
보완하여 2007년에 「장애인 등에 대한 특수교육법」이
제정되었다.

〈교육대상〉

만 3세부터 초등학교 취학 전 특수교육이 필요한 어린이를 대상으로 한다.

〈교육편성〉

아동의 장애 종류와 정도를 고려하여 편성한다. 특수교육을 받아야 하는 영·유아가 1명 이상 4명 이하일 경우에는 별도의 학급을 설치하고, 4명 이상이면 2개 이상의 학급을 설치해야 한다.

※「장애인 등에 대한 특수교육법」제20조제1항 및「장애인 등에 대한 특수교육법 시행규칙」제3조의2 및 제 27초 1항에 의거

특수학교

「유아교육법」제15조

제15조(특수학교 등)

① 특수학교는 신체적·정신적·지적 장애 등으로 특수교육이 필요한 유아에게 유치원에 준하는 교육과 실생활에 필요한 지식·기능 및 사회적응 교육을 하는 것을 목적으로 한다.

②국가 및 지방자치단체는 특수교육이 필요한 유아가 유치원에서 교육을 받으려는 경우에는 따로 입학절차·교육과정 등을 마련하는 등 유치원과의 통합교육 실시에 필요한 시책을 마련하여야 한다.

특수학교에서 아동을 보육하려면 특수학교 정교사 자격증이
필요하다. 특수학교 정교사 1급과 2급 자격증이 있으며
유치원교사의 교육과정 및 진로와 일부 연계되는 점이 있다.

〈특수학교 정교사 1급〉

- 특수학교 정교사 2급 자격증을 취득한 후 교육업무에 3년
  이상 경력이 있으며 정해진 재교육과정을 이수하면
  특수학교 1급 정교사 자격을 취득할 수 있다.

- 특수학교 정교사 2급 자격증을 취득한 후 교육업무에 1년
  이상 경력이 있으며, 교육대학원이나 교육과학기술부장관이
  지정한 대학원에서 특수교육을 전공하고 석사학위를 받으면
  특수학교 1급 정교사 자격을 취득할 수 있다.

- 유치원·초등학교 또는 중등학교 정교사 1급 자격증을
  취득한 후 일정한 교육을 받게 되면 특수학교 1급 자격을
  취득할 수 있다.

- 유치원·초등학교 또는 중등학교 정교사 2급 자격증을
  취득한 후 교육업무에 1년 이상 경력이 있으며,
  교육대학원이나 교육과학기술부장관이 지정한 대학원에서
  특수교육을 전공하고 석사학위를 받으면 특수학교 1급
  자격을 취득할 수 있다.

〈특수학교 정교사 2급〉

- 교육대학 및 사범대학의 특수교육과를 졸업하면 특수학교

2급 정교사 자격을 취득할 수 있다.

■ 대학·산업대학의 특수교육 관련학과 졸업자로, 재학 중에
일정한 교직과정을 이수하면 특수학교 2급 정교사 자격을
취득할 수 있다.

■ 대학·산업대학의 특수교육 관련학과 졸업자로,
교육대학원이나 교육과학기술부장관이 지정한 대학원에서
특수교육을 전공하고 석사학위를 받게 되면 특수학교 2급
정교사 자격을 취득할 수 있다.

■ 유치원·초등학교 또는 중등학교 정교사 2급 자격증을
취득한 후 일정한 교육을 받게 되면 특수학교 2급 정교사
자격을 취득할 수 있다.

■ 유치원·초등학교 또는 중등학교 정교사 2급 자격증을
취득한 후 교육대학원이나 교육과학기술부장관이 지정한
대학원에서 특수교육을 전공하고 석사학위를 받으면
특수학교 2급 정교사 자격을 취득할 수 있다.

■ 특수학교 준교사 자격증을 취득한 후 교육업무에 2년 이상
경력이 있으며 소정의 재교육을 받게 되면 특수학교 2급
정교사 자격을 취득할 수 있다.

■ 유치원·초등학교·중등학교 또는 특수학교 준교사 자격증
취득 후 교육업무에 2년 이상 경력이 있으며,
교육대학원이나 교육과학기술부장관이 지정하는
대학원에서 특수교육을 전공하고 석사학위를 받게 되면
특수학교 2급 정교사 자격을 취득할 수 있다.

장애인 등에 대한 특수교육법 28조에 의거하여 교육감은 특수
교육을 받아야 하는 영·유아에게 아래와 같은 서비스를 제공해야
한다.

■ 교육 대상 영·유아와 가족에 대한 상담 및 가족 지원

■ 교육 대상 영·유아에게 필요한 경우 물리치료, 작업치료 등
  각종 치료 지원

■ 교육 대상 영·유아에게 필요한 보조 인력 제공 및 편리한
  등원에 도움이 되는 통학차량 지원, 통합기 지원, 통학
  보조인력 지원 등 종합적인 지원 및 대책 마련

■ 교육 대상 아동에게 필요한 장애인용 교육도구와 각종 학습
  보조기, 보조 공학기기 등 설비 부분 지원

■ 교육시설에서 별도의 기숙사를 설치하여 운영할 경우 법적
  조건에 맞는 자격이 있는 생활 지도원과 아동을 돌보고
  응급상황을 관리할 간호사 혹은 간호 조무원 배치

※ 위 내용은 「장애인 등에 대한 특수교육법」 및 장애인 등에 대한
특수교육법 시행규칙에 의거하여 기재된 내용이며 하단에 관련 조문을
기재한다. 전체 내용 중 필요한 부분을 일부 발췌했으니 관심이 있는
사람이 있다면 전체 조문을 직접 찾아보고 상세한 내용을 확인하는 편이
좋다.

© pratan ounpitipong

특수교육 의무와 학급 및 관련 항목

「장애인 등에 대한 특수교육법」

제3조(의무교육 등)

① 특수교육대상자에 대하여는 「교육기본법」 제8조에도 불구하고 유치원·초등학교·중학교 및 고등학교 과정의 교육은 의무교육으로 하고, 제24조에 따른 전공과와 만 3세미만의 장애영아교육은 무상으로 한다.

② 만 3세부터 만 17세까지의 특수교육대상자는 제1항에 따른 의무교육을 받을 권리를 가진다. 다만, 출석일수의 부족 등으로 인하여 진급 또는 졸업을 하지 못하거나, 제19조제3항에 따라 취학의무를 유예하거나 면제받은 자가 다시 취학할 때의 그 학년이 취학의무를 면제 또는 유예받지 아니하고 계속 취학하였을 때의 학년과 차이가 있는 경우에는 그 해당 연수(年數)를 더한 연령까지 의무교육을 받을 권리를 가진다.

③ 제1항에 따른 의무교육 및 무상교육에 드는 비용은 대통령령으로 정하는 바에 따라 국가 또는 지방자치단체가 부담한다.

제4조(차별의 금지)

① 각급학교의 장 또는 대학(「고등교육법」 제2조에 따른 학교를 말한다. 이하 같다)의 장은 특수교육대상자가 그 학교에 입학하고자 하는 경우에는 그가 지닌 장애를 이유로 입학의 지원을 거부하거나 입학전형 합격자의 입학을 거부하는 등 교육기회에 있어서 차별을 하여서는 아니 된다.

② 국가, 지방자치단체, 각급학교의 장 또는 대학의 장은 다음 각 호의 사항에 관하여 장애인의 특성을 고려한 교육시행을 목적으로 함이 명백한 경우 외에는 특수교육대상자 및 보호자를 차별하여서는 아니 된다.

  1. 제28조에 따른 특수교육 관련서비스 제공에서의 차별

  2. 수업참여 배제 및 교내외 활동 참여 배제

  3. 개별화교육지원팀에의 참여 등 보호자 참여에서의 차별

  4. 대학의 입학전형절차에서 장애로 인하여 필요한 수험편의의 내용을 조사·확인하기 위한 경우 외에 별도의 면접이나 신체검사를 요구하는 등 입학전형 과정에서의 차별

제27조(특수학교의 학급 및 각급학교의 특수학급 설치 기준)

① 특수학교와 각급학교의 장은 다음 각 호의 기준에 따라 학급 및 특수학급을 설치하여야 한다.

  1. 유치원 과정의 경우 : 특수교육대상자가 1인 이상 4인 이하인 경우 1학급을 설치하고, 4인을 초과하는 경우 2개 이상의 학급을 설치한다.

　2. 초등학교·중학교 과정의 경우 : 특수교육대상자가 1인 이상 6인 이하인 경우 1학급을 설치하고, 6인을 초과하는 경우 2개 이상의 학급을 설치한다.

　3. 고등학교 과정의 경우 : 특수교육대상자가 1인 이상 7인 이하인 경우 1학급을 설치하고, 7인을 초과하는 경우 2개 이상의 학급을 설치한다.

　② 교육감은 제1항에도 불구하고 순회교육의 경우 장애의 정도와 유형에 따라 학급 설치 기준을 하향 조정할 수 있다.

　③ 특수학교와 특수학급에 두는 특수교육교원의 배치기준은 대통령령으로 정한다.

제28조(특수교육 관련서비스)

　① 교육감은 특수교육대상자와 그 가족에 대하여 가족상담 등 가족지원을 제공하여야 한다.

　② 교육감은 특수교육대상자가 필요로 하는 경우에는 물리치료, 작업치료 등 치료지원을 제공하여야 한다.

　③ 각급학교의 장은 특수교육대상자를 위하여 보조인력을 제공하여야 한다.

　④ 각급학교의 장은 특수교육대상자의 교육을 위하여 필요한 장애인용 각종 교구, 각종 학습보조기, 보조공학기기 등의 설비를 제공하여야 한다.

　⑤ 각급학교의 장은 특수교육대상자의 취학 편의를 위하여 통학차량 지원, 통학비 지원, 통학 보조인력의 지원 등 통학 지원 대책을 마련하여야 한다.

　⑥ 각급학교의 장은 특수교육대상자의 생활지도 및 보호를 위하여 기숙사를 설치·운영할 수 있다. 기숙사를 설치·운영하는 특수학교에는 특수교육대상자의 생활지도 및 보호를 위하여 교육부령으로 정하는 자격이 있는 생활지도원을 두는 외에 간호사 또는 간호조무사를 두어야 한다.

　⑦ 제6항의 생활지도원과 간호사 또는 간호조무사의 배치기준은 국립학교의 경우 교육부령으로, 공립 및 사립 학교의 경우에는 시·도 교육규칙으로 각각 정한다.

　⑧ 각급학교의 장은 각급학교에서 제공하는 각종 정보(교육기관에서 운영하는 인터넷 홈페이지를 포함한다)를 특수교육대상자에게 제공하는 경우 특수교육대상자의 장애유형에 적합한 방식으로 제공하여야 한다.

　⑨ 제1항부터 제8항까지의 규정에 따른 특수교육 관련서비스의 제공을 위하여 필요한 사항은 대통령령으로 정한다.

특수교육대상자의 학교 배치 및 관련 항목

「장애인 등에 대한 특수교육법 시행규칙」

제3조(특수교육대상자의 학교 배치)

교육감 또는 교육장이 영 제11조제1항에 따라 특수교육대상자를 학교에 배치할 때에는 별지 제3호서식에 따라 해당 학교장과 특수교육대상자에게 통지하여야 한다.

제3조의2(교육과정)

① 법 제20조제1항에 따른 특수교육기관의 교육과정은 유치원 교육과정, 공통 교육과정, 선택 교육과정 및 기본 교육과정으로 구분한다.

② 제1항에 따른 교육과정의 대상 및 내용은 다음 각 호와 같다.

  1. 유치원 교육과정: 만 3세부터 초등학교 취학 전까지의 어린이를 대상으로 하고, 「유아교육법」 제13조제2항에 따라 교육과학기술부장관이 정하는 유치원 교육과정에 준하여 편성된 과정

  2. 공통 교육과정: 초등학생 및 중학생을 대상으로 하고, 「초 · 중등교육법」 제23조제2항에 따라 교육과학기술부장관이 정하는 초등학교 및 중학교 교육과정에 준하여 편성된 과정

  3. 선택 교육과정: 고등학생을 대상으로 하고, 「초 · 중등교육법」 제23조제2항에 따라 교육과학기술부장관이 정하는 고등학교 교육과정에 준하여 편성된 과정

  4. 기본 교육과정: 특수교육대상자의 장애 종별 및 정도를 고려하여 제2호 및 제3호의 교육과정을 적용하기 어려운 학생을 대상으로 하고, 대상자의 능력에 따라 학년의 구분 없이 다음 각 목의 어느 하나에 해당하는 교과의 수준을 다르게 적용할 수 있도록 편성된 과정

    가. 국어, 사회, 수학, 과학, 실과, 체육, 음악, 미술 및 교육과학기술부장관이 필요하다고 인정하는 교과

    나. 특수교육대상자의 진로 및 직업에 관한 교과

③ 제1항 및 제2항에서 규정된 사항 외에 교육과정의 내용 및 기준에 관하여 필요한 세부사항은 교육과학기술부장관이 정하여 고시한다.

제5조(보조인력의 역할 및 자격)

① 법 제28조제3항에 따라 학교에 배치되는 보조인력은 교사의 지시에 따라 교수학습 활동, 신변처리, 급식, 교내외 활동, 등하교 등 특수교육대상자의 교육 및 학교 활동에 대하여 보조 역할을 담당한다.

② 보조인력의 자격은 고등학교를 졸업한 자 또는 이와 같은 수준 이상의 학력이 있다고 인정된 자로 한다.

제6조(생활지도원의 자격 및 배치기준)

① 법 제28조제6항 전단에 따라 특수학교의 기숙사에 두는 생활지도원은 다음 각 호의 어느 하나에 해당하는 자이어야 한다.

 1. 교사의 자격이 있는 자

 2. 고등학교를 졸업한 자 또는 이와 같은 수준 이상의 학력이 있다고 인정된 자로서 다음 각 목의 어느 하나에 해당하는 자격이 있는 자

  가. 「의료기사 등에 관한 법률」 제2조에 따른 물리치료사 또는 작업치료사

  나. 「사회복지사업법」 제11조에 따른 사회복지사

  다. 「영·유아보육법」 제21조제2항에 따른 보육교사

② 법 제28조제6항 후단에 따라 국립학교에 두는 생활지도원은 학생 5명마다 1명 이상을 배치하여야 한다. 다만, 시각장애 또는 청각장애가 있는 특수교육대상자를 교육하는 중학교 및 고등학교 과정의 경우에는 학생 7명마다 1명 이상을 배치할 수 있다.

행복한 직업 찾기
나의 직업 보육·유치원교사

초판 1쇄 인쇄 2014년 6월 3일
개정판 1쇄 인쇄 2021년 3월 5일

개정2판 1쇄 인쇄 2022년 8월 25일
개정2판 1쇄 발행 2022년 9월 5일

글 | 꿈디자인LAB
펴 낸 곳 | 동천출판
사   진 | 압구정 아란유치원, 동화마을 새싹어린이집(화성시 소재),
              Pixabay, shutterstock,

등   록 | 2013년 4월 9일 제319-2013-25호
주   소 | 서울특별시 서초구 효령로 60길 15(서초동, 202호)
전화번호 | (02) 588 - 8485
팩   스 | (02) 583 - 8480
전자우편 | dongcheon35@naver.com

값 18,000원
ISBN   979-11-85488-75-2 (44370)
              979-11-85488-05-9 (세트)

*잘못 만들어진 책은 구입하신 서점에서 바꿔 드립니다.